煩事問莊子

苦苓的莊子讀書筆記

苦苓——著

目錄

第二章　知識真的就是力量嗎？

第三章　自然是你最好的老師

第四章　人情與世故

莊周序　人生的不失敗之路

莊周

苦苓這個人，是個怪胎。

在你們這個已經沒有幾個人讀書、更沒有幾個人會讀經典的時候，竟然讀起我老人家寫的《莊子》來了；而且不但自己讀，還希望領著大家一起讀。我看他如果不是在故弄玄虛，就是已經神智不清。

於是我調查了一下：發現苦苓這個傢伙雖然是個作家，拉拉雜雜也寫了快一百本書（據說寫我這一本是第九十九本），但他這一生幾乎不務正業，既主持廣播電視節目，又到處演講做秀，甚至還拍了不少電視廣告……根本就是一隻「文化雜食動物」。

問題是看他做什麼都沒有很認真，只是有機會做就做、只要做得到就做……最重要的是，要覺得好玩才做——這倒是多少符合我的精神，但因為這樣他就有資格講《莊子》了嗎？哦No No No。

關鍵在他後來做了錯事，跌了一大跤，簡直不容於世（沒聽說過的人，請自己去看維基百科），於是就跑到山裡去擔任自然生態解說員，「人間蒸發」，一去八年……最後竟然還能重返社會、重新出發，而且以全新面貌再次得到肯定。這種「置之死地而後生」的精神，我老人家倒是滿欣賞的。

擋不住繁華，卻耐得了寂寞，這一條路走絕了，就來個「生命大轉彎」，於是又遇到另一片天空，而且從此更加地悠遊自得、無可無不可，在別人看來苦苓好像還是原來的那個苦苓，其實在生命的深處他已經不一樣了。

當然過程中他也付出了沉重的代價：先是失去了所有的，然後才得到一點全新的，幾番轉折，直到連得失心都沒有了，那就Nothing to Lose，他終於能夠在心靈上「立於不敗之地」，嗯哼，不能不說是受到我老人家的精神感召。

所以我就網開一面，准許他擅自解說我的文字、演繹我的思想、發揮他的看法……比起許多講《莊子》、寫《莊子》的人，我看他也高明不到哪裡去，不過這傢伙的專長就是把很深的講淺、很硬的講軟、很無聊——等一下！我怎麼會無聊？應該說是很有趣的講得更有趣。所以對不想讀書、更不想讀經典的人來說，如果能夠透過苦苓來讀一下莊子，應該會在這個滔滔亂世，讓自己比較好過一點。

為什麼？因為你從小就被期許追求成功，就被鼓勵只要努力就能成功……結果你就一直在失敗呀！不管是考試、比賽、升學、就業、升遷、投資、戀愛、婚姻、夢想……隨便掐指一算就發現已經失敗過幾百次了，而人生可能還有上千次的失敗在等著你，然後，然後也不知道那個渺茫的成功到底在哪裡。

阿這樣是要怎樣活下去？阿就讀《莊子》啊！「得意時是儒家，失意時是道家」，除非你剛好是那萬分之一的「人生勝利組」，你或許可以「知其不可為而為之」、「雖千萬人吾往矣」，真的闖出自己的一片天地來。但大多數時候你不是，那時候你就需要《莊子》了。用最簡單的、苦苓式的無賴講法：「人生如夢，夢如煙，煙如屁。」請問那還有什麼好Care的？

好啦，雖然我的思想博大精深得多，但是苦苓硬要說我是「魯蛇救星」我也不否認——你常常失敗嗎？你害怕失敗嗎？你再也不想失敗了嗎？聽苦苓的話，讀《莊子》就對了！

第一章

何處是安身之所

大，不一定就是大，也不一定比較好

像我這樣自由自在，也算是飛呀！幹嘛一定要飛成你這個樣子？

大鵬鳥很好，但小麻雀也沒有不好

《莊子》的第一篇就是〈逍遙遊〉，說的是北海有一條鯤魚，身體有幾千里那麼大，有一天忽然變成了一隻大鵬，光是牠的背就有幾千里之廣，牠一張開翅膀，就激起了三千里的浪花，飛上了九萬里的高空[1]——等一下！這根本就是個神話嘛！這麼大隻的鳥上天下地、無所不能，但是這、這和平庸渺小的我們又有什麼關係呢？

這時候就要繼續往下看了：大鵬鳥飛在九萬里高空的時候，小麻雀卻譏笑牠：「阿你花那麼大力氣、飛那麼高幹什麼呀？我在地上想飛就飛，有時候可以飛到樹上，有時候飛不到樹上，那我就落回地面上。像我這樣自由自在，也算是飛呀！幹嘛一定要飛成你這個樣子[2]（歹勢，最後一句是我加的）？」

我們不是常常羨慕很厲害的人嗎？比爾蓋茨、賈伯斯、佐克伯、馬斯克……那種錢多到我們無法想像、事業大到我們無法形容，尤其是腦筋好到我們根本無法比的……我們看他們，就像小麻雀看大鵬鳥一樣，是完全難以想像那樣的世界，也無法達到那種境界的。

但是我們又不一定要做他們！甚至連以他們為目標、為楷模也不需要（最重要的是：反正也沒什麼可能做得到，嘻嘻），我們或許不一定都能成為「人生勝利組」，卻不難做個「人生幸福組」：難道做一隻自由自在又心滿意足的小麻雀，就不可以是人生的理想嗎？

我有一個朋友，在新北市開了一家裱畫店，賴此維生，當然賺不了很多錢，但他也在店內開了一家小小的咖啡店，自己進口咖啡豆來烘焙，很受好評，有些人（包括我在內）在家裡是除了他的咖啡不喝的。而他自己沒事騎騎單車（當然沒得過什麼冠軍）、偶爾釀釀啤酒（當然也沒得什麼獎），再有空的時候就去攀岩（不是很厲害，還受了一點傷）……生活過得舒心自在，而且結交了很多好朋友。他絕對不算是一個「勝利」的人，但誰敢說他的人生不「幸福」呢？

大年不大，小年也不小

前面說到的那些大人物，不管財富、事業都大到無法想像，就像《莊子》裡說：彭祖活到八百歲，是人間最長壽的。但是八百歲就算長壽嗎？有一種小蟲叫「朝菌」，朝生暮死，根本不知道什麼叫做「一個月」；還有一種蟲叫做寒蟬，夏生秋死，根本不知道什麼叫做「一年」。可是楚國有一隻大靈龜，五百年對牠來講只是一個季節；上古時代有一種椿樹，八千年對它來講也只是一個季節。

朝菌和寒蟬叫做「小年」，靈龜和椿樹叫做「大年」，小年是永遠不會了解大年的，這樣比起來，八百歲的彭祖也只不過是小年而已，算什麼長壽、有什麼了不起？[3]

這當然還是在講神話，但莊子也是借此在講道理：大小、長短都是相對的：再大的鵬鳥，世界上也有比牠巨大的；再長壽的椿樹，宇宙間也有比它長久的。

換句話說，賈伯斯、佐克伯這些人再「偉大」，在漫長的歷史、遼闊的宇宙中，還是相對渺小的；而看來渺小的你我，在我們心愛的家人朋友心中，卻是相對重要的。

那又何必因為自己沒能功成名就而妄自菲薄呢？我們永遠都不會有唐鳳那麼聰明，但我們一定可以和他一樣快樂（搞不好他因為太聰明，想東想西，反而不是很快樂～竊笑），只要你不要沒事想飛九千里、想活八百歲就ＯＫ了。

所以蘇東坡就很得莊子的真傳，他在〈赤壁賦〉裡說：「從變的角度來看，那麼天地也只不過是一瞬之間而已；從不變的角度來看，那麼萬物和我都是無窮無盡的。」①

這就是思想上的一種「相對論」：體會到世上任何東西都是相對而非絕對的，你就不會執著、不會迷失，對於富貴權勢、寵辱得失，都能有更開放的態度、更開闊的胸襟……當你可以確定生命中「沒有非怎樣不可」的時候，你當然比較容易Happy了對不對？

這就是《莊子．逍遙遊》教我們的第一課。

---

① 蓋將自其變者而觀之，則天地曾不能以一瞬；自其不變者而觀之，則物與我皆無盡也。

延伸話題 **寒蟬**

蟬是以鳴叫聲的響亮來吸引異性的，寒蟬（真的有這種蟬！）的聲音小、競爭不過人家，所以牠們會等到夏末，其他蟬都叫完、交配完了，才出來開始叫。我們因為「噤若寒蟬」或「寒蟬效應」，誤以為寒蟬不敢大聲叫，其實牠真的是「叫不大聲」啦！

還有，莊子可能不知道：不只寒蟬，所有的蟬在變為成蟲以後，生命都不會超過半個月，真是「蟬生苦短」呀！但是蟬的幼蟲在地底下，卻可能活個十三年、十七年才羽化，那你說蟬到底是一種短命還是長壽的昆蟲呢？——沒錯！這時候莊子的「相對論」就該上場了。

有用沒用，重點在你怎麼用

這棵樹既然沒有其他的用處，又不會妨礙別人，自然就不會有人來砍伐，那你自然也就不用操心了呀！

即使沒讀過《莊子》的人，大概也都知道惠施和莊子辯論「你不是魚，怎麼知道魚快樂？」的故事，反正他們兩個人可以說是「天敵」、見了面就要抬槓。

沒有用最有用

有一次惠施又對莊子說：「我有一棵很大的樹，樹的主幹長了很多木瘤，樹枝也都歪七扭八，沒有一個地方是整齊的，它就長在路邊，但是從來沒有一個木匠去看它一眼。現在你常講的這些話，在我看來也就跟這棵大樹一樣，根本是大而無用，誰會吃你這一套？」

莊子回答說：「你有沒有看過狐狸跟野貓？牠們為了捕食，東竄西跳、爬低登高，結果往往中了機關、死在陷阱裡。」

先把對方「剾洗」（臺語，諷刺）了一番之後，他又說：「如果你有這樣的一棵大樹，何不把它種在廣大空曠的地方，你可以很舒服地在樹下休息，這棵樹既然沒有其他的用處，又不會妨礙別人，自然就不會有人來砍伐，那你自然也就不用操心了呀！」[1]

他們兩個爭辯的，其實是「有用」和「沒用」的區別。在這之前莊子也提到：有一個宋國人帶著許多帽子和衣服到南方的越國去販賣，心想可以賺到一筆大錢。沒想到越國人的風俗，卻是把頭髮都剪短，全身光溜溜，身上刺青刺得滿滿的（這些人應該很耐痛吼？），根本就沒有在穿衣服戴帽子，當然衣服和帽子對他們來講，就一點用處也沒有，這個宋國人「發大財」的夢也就碎了[2]——欸我沒有在諷刺誰喔，這真的是莊子說的。

其實莊子的意思，還是之前說的「相對論」：不只大小長短是相對的，有用沒用也是相對的，所以重要的就是不要執著「非怎樣不可」。

在同樣〈逍遙遊〉這一篇裡，惠施也對莊子說：「魏王給了我一些大葫蘆的種籽，我拿去種了，結了好大的葫蘆，可是它的質料不堅固，用來裝水，一拿起來就破了。從中間切成兩個瓢，又太淺了，裝不了什麼東西。所以這個葫蘆雖然大，卻大得沒有用處（你看！他還是始終如一，在努力地諷刺莊子），所以我就把它打破、丟掉了。」

莊子聽了就笑著說：「可惜呀！你竟然不會用大的東西（你看！馬上就反擊了）。這麼大的葫蘆，你可以做一個網子把它套起來，然後綁在腰上，就變成了一個『腰舟』，可以讓你浮在水上，不是也很讚嗎？誰說葫蘆只能用來裝水呢？」[3]

無路用都是人在講

這裡面其實也包括了一種「天生我材必有用」的寬闊思想。常常有一些人、甚至包括企業家和學者，都說現在很多大學的教育沒有用，教不出有足夠就業能力的學生，然後就大喊著教育失敗——你馬幫幫忙！大學是人格養成教育所，又不是技術就業訓練班，要不然英文系幹嘛要教莎士比亞、直接教商用英文不就好了？

不管學習任何知識，都不只是要拿那個知識來找工作，而是在累積知識的過程中培養智慧，讓自己逐漸具備面對問題、思考問題以及解決問題的能力……只要你有了這種能力，將來不管做什麼工作，應該都可以勝任愉快。

你去看看社會上那些所謂的成功人士，絕大多數都不是本科系出身，也就是所謂的「學非所用」，這也就說明了：「學的不一定有用，用的也不一定有學。」

一般人的毛病，就在於太執著在這個「用」上面，尤其是老一輩的父母親，他們會說：「學跳舞有什麼用？」直到林懷民讓他們閉嘴；他們也會說：「學電影有什麼用？」直到李安讓他們噤聲……同樣地，你如果聰明一點，就不會嘻笑著說：「學哲學有什麼用？算命嗎？」你看莊子就是一個偉大的哲學家，他的思想影響了千百年來的華人。賺錢？他沒有；做官？他沒有；成名？也是死後的事（而且你也只是在教室裡聽過他、在課本上讀過他幾個字，但你絕對不會是他的粉絲），可是誰、誰敢說他沒有用呢？

很多人都看過《良醫墨菲》（*the Good Doctor*）這部影集，一個自閉症的小孩會有什麼用呢？他狠心的父親甚至後悔把他生下來，但是他獨特的專注力、三度空間的思考力以及「不太有同理心」的特性，卻使他成為了一個傑出的外科醫師——看到了嗎？重點不在於有沒有用，而在於怎麼用！

所以莊子給了惠施很好的教誨：**有用、沒用都是相對的，世界上不存在完全沒有用的東西或活動**。例如小孩玩耍，那有什麼用？有耶，那就是在學習肢體協調、靈活反應以及適切表達，如果是小狐狸或小野貓的話，那還是在順便學習打獵，怎麼會沒有用？簡直太有用了！

如果你再嚴格看一點：所有的藝術都是「吃飽太閒」的產品，其實是沒有用的！這個世界沒有繪畫ＯＫ嗎？沒有雕塑ＯＫ嗎？沒有動人的音樂ＯＫ嗎？沒有美麗的建築ＯＫ嗎？沒有感人肺腑的小說ＯＫ嗎？……沒有這些，人類當然還是可以活下去，但也只是像動物般的、用本能在維持生命而已。

這些我們原本以為沒有用的東西，反而是我們人類文化的精髓，是所有民族文明的展現，使我們的進化和禽獸不一樣，也是人類之所以成為「萬物之靈」的東西。

退一萬步說：就算真的什麼用處都沒有，就像你在各個國家公園、森林遊樂區看到的千年神木一樣，它們就是因為長相奇特、沒有用處，所以才避過人類的砍伐，可以活這麼久直到現在。

有時候，甚至就是因為「沒用」，所以你「沒被幹掉」：這時候你會不會覺得「活下來」，其實才是最「有用」的？

下一次，要說什麼東西「沒有用」之前，請先想一想莊子的話。

延伸話題 **千年神木**

其實我們現在國家公園都改用「巨木」而不用「神木」這個說法，因為人死了才會變成神，而這些千年巨木都還好好地活著、並沒有死掉，所以好像也沒必要幫它們「造神」。

不過它們真的很厲害就對了，以最有名的檜木來說，它一年只長〇·四到〇·五公分，最快也要長到九十年才能「有用」。

但是也因為它長得這麼慢，所以它的木質非常的堅實，成為了最好的建材。不像我們在路邊看到的黑板樹，長得非常快，但也非常「冇」（念帕第三聲，臺語，脆弱的意思），隨便來個颱風可能就被吹斷了。

這個例子，正好可以用來安慰擔心小孩長得慢、「轉大人」不知道能否順利的父母：不用太擔心，你的小孩長得慢，是因為他長得結實，跟檜木一樣。

為什麼比較高、比較冷的地方種的樹木、蔬菜和茶品質通常比較好？就是因為它們長得比較慢、比較實……如果莊子有在「現場」，應該也會同意我說的：「別急，Take Eazy，慢慢來。」

藏在裡面的，比露在外面的更長久

我的腳趾頭雖然不見了，但是我的身上還有比腳趾頭更寶貴的東西呀！

〈德充符〉是《莊子》裡面比較不常被人討論的一篇，因為他講的是比較冷門的「軀體和精神」的問題。

只有外表美麗是不夠的

裡面提到有一個跛腳、駝背、嘴唇缺了一塊、長相奇怪的人，和衛靈公有來往。過了不久，衛靈公很喜歡他，後來衛靈公再看到那些形體完好的人，反而覺得長相有點奇怪，還不如他這位「怪人朋友」看起來比較順眼。

另外有一位齊桓公，他和一個脖子上長了一個大瘤的人交朋友，齊桓公很喜歡這個人，後來他看到那些形體完好的人，反而覺得他們的脖子太細了，看起來不太習慣。[1]

很顯然莊子「編」出這兩個故事來，正是要向通常是「外貌協會」的我們挑戰：人人都喜歡看俊男美女，人人也都想和帥哥美女交往，但最後大多數的人其實都和「長得不怎麼樣」的人在一起（當然，我們自己也都長得不怎麼樣），那是不是因為我們知道自己配不上外表好看的人，就退而求其次呢？

其實也不然，「外在美」雖然是吸引對方的第一個條件，卻不是唯一的條件，如果個性不好、沒有內涵……光是漂亮的臉孔終究是「不能當飯吃」的，日久天長，再好看也會厭倦，否則好萊塢那些俊男美女的配對怎麼就是無法長久呢？

反而是能夠源源不絕地給予對方更豐富的知識、更廣博的見聞、更高深的智慧，甚至只是更幽默的話語，都能夠維繫雙方長久而穩定的關係，這個時候我們才赫然發現：真正吸引住我們的，其實是「內在美」。

有些美女選擇了和其貌不揚的男人在一起，人們就會戲稱他們是「美女與野獸」，好像很替這個女生不值。其實身為美女，應該更知道只有外表美麗是不夠的，一個外表一點也不「好看」的男人，竟然讓她願意長相廝守，可見得這個男人一定有平常人看不出來的優點，也可見得這位美女是「獨具慧眼」，她可不只是外表好看而已、她聰明著呢！

下一次，碰到身邊陪伴著野獸的美女（例如我太太也是，真不好意思又舉自己的例子，阿就事實啊），不用表示你的同情或者嫉妒，你應該對這位美女另眼相看，也不可小看了這隻野獸。

當然，莊子用的是很極端的例子，但這也就說明了：即使是一般人認為很醜陋、很殘缺、甚至很「變態」的外形，並不會阻止TA和人正常交往、發揮自己的優點、並得到對方的喜愛。

外貌是天生的，能改變的有限（當然現在醫美很進步，就算你能把自己整成絕世美男美女，卻沒有好的個性和內涵來吸引人，難道就一定會受到大家的歡迎嗎？搞不好只是被私下取笑的對象）；而內涵確實可以靠自己的努力，透過求知、經過修養，以及更多的思考和反省，一天比一天更充實的……所以其實不用擔心自己外表長得像「野獸」，更要警惕的是自己的內在會不會是「草包」？

難道你沒有發現嗎？當你真的喜歡一個人的時候，對方的外貌真的會變得沒有那麼重要，甚至到後來就根本不在乎了：莊子拐彎抹角地想要告訴我們的，其實就是這個簡單的道理。

形體只不過是精神的旅社

在魯國有一個人因為犯罪，被砍去了腳趾頭（請先不要怪古人那麼殘忍，在那個時代犯了法被削掉鼻子、砍去手腳、甚至被閹掉都是常見的事，現代文明國家的司法沒有身體刑、只有自由刑，那已經是很近代才有的進步觀念），他就把自己的名字改叫做叔山無趾。

有一天，他走路來見孔子，孔子說：「你從前既然這樣不自愛，被官府砍掉了腳趾頭，今天就算你來見我，也已經太晚了吧！」

沒想到叔山回答說：「我的腳趾頭雖然不見了，但是我的身上還有比腳趾頭更寶貴的東西呀！我今天來見你，就是想要請教你，怎麼樣保住那些更寶貴的東西，而不是想要你補救我的腳趾頭啊！」

這裡又提到軀體的問題，軀體跟外貌一樣都可能會失去（或者根本一開始就沒有，例如天生殘障的人），但是人的內在是不會失去的，是只要努力就能保持住的。

所以我們會稱讚「殘而不廢」的人，肯定他們不向命運低頭的勇氣。真的，比起天生沒有手腳、「五體不滿足」的人，大多數所謂的「正常人」實在沒有什麼抱怨的權利，也沒有達不到什麼目標的藉口。

更何況，這位叔山先生是因為觸犯了法律才被砍去腳趾頭的，我們不能歧視一個殘廢的人，同樣不能歧視一個曾經犯錯的人：殘廢或許改不過來了，只能努力地去適應它、盡量發揮自己其他方面的天賦；犯法的人既然已經付出代價，只要後來知過能改，當然更沒有理由被看輕——所以孔子在這個故事裡，一下子就犯了兩大錯誤，完全忽略了「精神遠比軀體重要」的原理，所以他聽了叔山先生的話，立刻知道自己錯了，趕快道歉說：「真是對不起！我剛才實在太魯莽了，請你進門來指導一下我的門徒吧！」

孔子跟叔山無趾又不熟，憑什麼只因為對方講了幾句話，就認為他有資格來教自己的學生呢？難道是孔子開的補習班嚴重缺乏師資嗎？當然不是，而是「我身上還有比腳趾頭更寶貴的東西」這句話，一語點醒夢中人，讓孔子一下子就知道：來人是一個有內涵的高手。

可惜叔山無趾並不領情，一句話也沒說就走了，應該是對孔子很失望吧！[2]

不過我們之前也說過了：莊子因為不認同孔子的思想，常常編造孔子的故事來吃他豆腐，所以這一篇的重點不在孔子有沒有這樣做，而在於莊子想讓我們知道：一個人最重要的其實是他的內涵。

〈德充符〉裡還有一篇，講的也是另一個被砍掉腳趾頭的人（看來那個時代還滿容易觸犯這條法律的，會不會只是因為隨地吐痰呢？——好，當我沒說），他的同學不屑與之為伍，反過來把對方教訓了一頓的故事，重點還是在莊子認為：**形體只不過是精神的旅社而已。**

也就是說：我們的軀體是自己的精神「暫時借住」的地方，所以應該在意的不是看得見的形體，反而應該努力維持自己的精神（在這裡是廣義的說法，包含了一個人的道德、修養、內涵和對別人的影響力在內）才對。

我們不是常常說：某某人「精神不死」、「精神永存」嗎？可見得形體有時而盡，精神卻可以長長久久。人都是會死的，可是如果他的德行、功業或是言詞可以流傳下來，世世代代影響以後的人，那麼他就是「雖死猶生」，徹底體現了人生的意義。

所以，別以為莊子什麼都不在乎，其實他在乎的，才是每個人都應該最在乎的。否則莊子既沒做過官、也沒發過財、想必也不是什麼大帥哥，怎麼會兩千多年後我們還在讀他的書，為他廣闊深遠的思想而心動不已（有嗎？就裝一下唄）呢？

延伸話題

德性、功業、言詞

不好意思，這裡講的「立德、立功、立言」所謂的「三不朽」其實是孔子說的，莊子如果知道我又拿孔子的話來驗證他的理論，一定不會太高興。

不過哲學家、思想家追求的基本上都是「人生的意義」，而既然人生是有限的（也就是說：形體早晚是會壞死的），那麼要追求人生的意義，顯然必須要更廣闊、更長遠的格局；而要突破人生的「長度局限」，那就只有讓自己的名聲能夠在死後繼續流傳，如果幾百年後、甚至幾千年後都還有人知道你、討論你、深受你的影響，那麼你人生的意義當然就不同凡響了！

所以你要不就是道德修養非常高，是一個聖人，讓後代的人津津樂道、奉為標竿；要不然就是為社會做了了不起的事、造福了非常多的人，讓後來的人一直懷念你；再若不然就是講的話、寫的文字非常的「讚」，過了千百年後都還有人在流傳、在讚嘆……我的資質有限（這一次倒很合乎我謙虛的本性——唉這樣講好像又不太謙虛了），除此之外，也想不出其他能讓人生更長久、更有意義的方式了。

當然，瀟灑落拓的莊子，應該根本是不在意這些的，但這種「不在意」的人生態度，卻也淵遠流長地深植人心——「一個不小心」，莊子好像也因而「不朽」了。

這個可由不得你囉！莊周先生，受小生一拜。

勇敢一點，與眾不同又怎樣？

這隻龜寧願沒了性命、只留下骨頭而得到尊貴的地位好呢？還是寧願活著在爛泥巴裡打滾好呢？

大家（對，包括你我）常常批評一個人很「俗」（尤其常用臺語這麼說），被這樣講的人也一定不高興。但這一點滿奇怪的：因為俗就是通俗、世俗，也可以說是親民、也可以說是很「接地氣」……那應該都是好的啊！為什麼我們說的時候卻帶著鄙視的口氣？而「俗」的對立面就是「雅」，是不是我們心裡其實都想追求高雅、優雅、文雅……所以就不願意「俗」呢？

說穿了，俗就是「跟大家都一樣」。

人是矛盾的產物，很怕跟大家不一樣，所以要人云亦云、追求時尚；但又很怕跟別人都一樣，所以要標新立異、特立獨行。在這兩者之間要如何拿捏，的確是人生的一門大功課。

例如在一個團體裡，你一定不願意和大家格格不入、顯得自己孤僻，甚至被人家說「孤高」（同義詞幾乎就是「難搞」）；但是你也不願意隨波逐流、讓自己淹沒在一群相似的臉孔裡面……左右為難，到底該怎麼辦呢？或許我們可以跟莊子學一學。

你怎麼知道魚快樂還是不快樂？

莊子跟惠子的「子非魚安知魚之樂」應該是中國歷史上最有名的辯論了，大家幾乎都耳熟能詳，但不知道你有沒有發現：其實莊子根本是在詭辯！

有一次莊子和惠子在濠水的橋上遊玩，先是莊子說：「溪水裡的小魚悠遊自得，這就是魚的快樂呀！」

惠子就偏偏跟他抬槓：「你又不是魚，怎麼知道魚是快樂的呢？」

莊子就回答說：「那你又不是我，怎麼知道我不知道魚的快樂呢？」

惠子說：「我不是你，當然不知道你；但是你不是魚，所以你也不會知道魚，當然更不會知道魚是不是快樂了。」

惠子算是滿厲害的，這樣的推理簡直無懈可擊：先承認我不知道你，再推論你也不知道魚，當然你就沒資格說魚是快樂的——「完勝」！

可是莊子技高一籌：「不是這樣喔！你回頭想一想我們剛剛是怎麼說的？當你說『你怎麼知道魚是快樂的呢？』的時候，你已經確定魚是快樂的了，你只是問我怎麼會知道而已。那我現在告訴你，我怎麼會知道魚的快樂呢？我就是從這個濠水上面知道的啊！」[1]

你看莊子是不是在詭辯？他不否認自己不是魚，免得落入惠子的圈套。但他卻設了另一個圈套：你問我怎麼知道魚是快樂的，那你就已經假設魚是快樂的，那我只要回答我是從溪流裡面魚兒悠遊自得的樣子，知道牠是快樂的，你就沒話說了吧？

惠子一定很後悔，如果他當初問的是：「你怎麼知道魚是快樂還是不快樂？」那麼莊子這一招就無效了。這其實很像小朋友被人家問說「你怎麼知道有外星人呢？」小朋友說不出個所以然來，卻能理直氣壯地說：「我就是知道！」

那麼莊子這一段故事是要教我們怎麼辯論嗎？不是的，其實他是在貶抑惠子：莊子心裡的ＯＳ應該是這樣的：「阿我們就是出來玩的，阿我們自己很開心，看到魚當然也會覺得魚也很開心，那不就好了嗎？你幹嘛偏要說什麼我怎麼知道魚很開心，還說我不是魚、怎麼知道魚開心，你很無聊也！那你要不要問我怎麼知道小狗是不是很開心？我看到小狗在搖尾巴，就知道他開心了呀！那你看這些魚在水裡面游來游去，行動是很自由的，一定也有小蟲或水草可以吃（不然早就改去別的地方了），而且牠們也沒有驚恐慌張的樣子，表示並沒有什麼敵人會來侵害牠……那這樣牠們如果還不開心才奇怪了！你玩也不好好地玩，光想逞自己的口舌之能、想展現你比別人厲害，你真的很無聊，而且很『俗』耶！」

這樣就看出來了：惠子喜歡的是人為的辯證，莊子卻擁有大自然的智慧。所謂「一切唯心造」，你們既然在玩，當然是快樂的；魚兒既然看起來無憂無慮，當然也就是快樂的，這有什麼好懷疑、好辯論的呢？而就算惠子辯贏了，難道魚兒就會變得不快樂嗎？更何況人本來就不會確定知道任何生物（包括人類）是不是快樂的，但是只要你覺得他是快樂的，他在你心裡就是了——如果失去了這種自然體會的能力，那也未免太可悲了吧！

所以為什麼我們要稱讚一個人不同於「流俗」，也就是所謂的「和而不同」：我們可以跟大家和諧地相處、「相敬如賓」，心裡卻自有定見、不一定要認同大多數人的想法。

一般人受限於自己的所學所思，很容易接納所謂的主流價值、大眾意見，但那卻不見得是人生唯一的道路：一定要有權有勢嗎？一定要追求名利嗎？一定要乖乖上班嗎？一定要結婚生子嗎？……這一個個框架，從小在家庭教育、學校教育甚至社會教育中，不知不覺地套在我們的脖子上，讓我們以為人生只有這一條路好走，走得好就是成功、走不好就是魯蛇——好消息！莊子出現的目的就是要告訴你，並非如此。

對於像惠子這種只在意自己的表現如何，也就是只在意別人觀感的「俗人」，莊子心裡是非常不以為然的，藉著這場「史上最有名的辯論」來嘲諷他一下，也只是剛好而已。

你的寶貝，對我來說只是一隻死老鼠

當然惠子還是很厲害，後來甚至做了梁惠王的宰相。莊子聽說好朋友發達了，就想去看看他。

結果就有人對惠子說：「莊子表面上是要來看你，其實是要搶你宰相的位子。」搞得惠子坐立不安。

莊子來了之後，看到惠子那麼不安，就笑著說：「南方有一種鳥，叫做鵷鶵（音同淵除），牠是跟鳳凰同類的，你有聽過嗎？這隻鳥從南海飛到北海，在這麼遙遠的路上，不是梧桐樹牠不棲息，不是竹子的果實牠不吃，不是最甘美的泉水牠不喝。有一天他飛過一隻鴟（音同梟）的頭上，那隻鳥正在吃腐爛的老鼠，牠很怕鵷鶵來搶牠的老鼠，就抬起頭來『蛤』地大叫一聲，現在你是也想要『蛤』我一聲嗎？」[2]

這個故事當然又是莊子編出來的，但是也提醒了世上許多貪戀名位的人：你念茲在茲的這種「世俗」的東西，在有些人眼裡卻是不屑一顧，千萬不要以為別人都跟你一樣、都那麼愛吃「死老鼠」。

就像我有時候寫文章批評時政，有些人會在網路上質疑我「拿了人家多少錢？」我那時心裡的反應就跟莊子一模一樣。也可見得會提出這種疑問的人，他心裡面最高的價值就是錢了，從他的思考模式來看：他做一件事、說一句話顯然都不是根據是非正義，而是根據金錢。他自己無意中就招認了：他就是一個很愛錢、很容易被收買的人！他「低俗」的人格，就從他自己提出的疑問中，驗證無誤了。

有些人在聽說別人從事的職業時，關心的不是工作內容和形態、有什麼樂趣和意義、未來的規劃和發展，而是千篇一律地問「一個月多少錢？」這麼一來，立刻就透漏了他自己淺薄的價值觀，而這正是我們許多人在成長過程中，陸陸續續被加在身上的框架。

不是嗎？媒體上一天到晚在討論誰的身價多高多高、誰又賺了多少多少錢、誰又買了多貴多貴的東西，好像只要有錢就是了不起、就是高等的人、就是所謂上流社會。

為什麼從來不說說誰的工作多有意義、誰對社會多有貢獻、誰展現了最多最多的愛心……你看，我們如果在不知不覺中，被扭曲了自己原本應該嚮往的對象、追求的目標和規劃的人生，難道不是很可悲嗎？

還是活著在爛泥巴裡打滾好

有一次莊子正在濮水上釣魚，有兩個楚國的使者來拜訪他。

使者說：「我們大王想要把國事託付給你，不知道先生您願意下山嗎？」

莊子說：「我聽說你們楚國有一隻神龜，已經死了三千年了，牠的骨頭還是被人找到，放在宗廟裡供占卜之用。我想請問你們：這隻龜寧願沒了性命、只留下骨頭而得到尊貴的地位好呢？還是寧願活著在爛泥巴裡打滾好呢？」

使者說：「牠一定寧可在爛泥巴裡打滾吧！」

莊子說：「那好，你們可以回去了，我也覺得拖著尾巴在爛泥巴裡打滾比較好。」[3]

這就是莊子的「不俗」，一般人求也求不到的升官發財的機會，即使自己送到眼前來了，莊子也不屑一顧，與其每天穿著西裝打著領帶（這當然是譬喻，你可不要學惠子來跟我辯論）裝模作樣行禮如儀地在做一些自以為了不起的事，還不如自由自在、「歲月靜好」地在河邊釣魚……對莊子來說，也或許對每一個人來說，如何保持自己心性的最大自由，才是人生最重要的事吧！

這番話的意思並不是說你什麼事都不能做、做什麼事都沒有意義，而是說你要有自己的目標和理想，在決定做某些事的時候並不會受到別人的左右，也不會違背自己的良知，更不會感覺心靈受到拘束……簡單來講，你沒有覺得「不自由」。

孔子的說法是「邦有道則仕，邦無道則隱」，如是太平盛世、賢君良相，那還是可以考慮出來做官、實現自己的抱負；但如果是天下大亂、奸佞當道，那當然就只好躲起來等待機會。

可是莊子觀察他身處的戰國時代，大家殺來砍去、搶地盤占城池，不惜屍橫遍野、血流成河……這些國王怎麼可能重用像孔子、孟子這種講仁義道德的「聖人」，一定是蘇秦、張儀這種鼓吹用兵打仗、攻城掠地的，才會受到重用，也才會造成當時的戰亂連年、民不聊生……所以莊子當然不願意做官、當然不願意「隨波逐流」。

以當時各國情勢的發展來看，莊子的選擇果然是比較正確的，果然他的智慧是比較高的，也果然他和一般世俗的觀點是不一樣的。

「盡量讓自己和別人不一樣，這是我們一輩子都要努力的事呀！」我跟你打賭：如果莊子還活著，他一定會跟你這麼說的。

延伸話題　竹子的果實

竹子不是不會開花嗎？竹子怎麼會有果實呢？

除了蕨類和地衣，竹子是植物裡面少數會行「無性生殖」的，也就是竹子通常不用靠著授粉、開花、結果，直接就可以從地面長出竹筍來（也就是竹子的小朋友），長大了就變成竹子，所以你也可以說：竹子是不用「結婚」的。

但是這樣子沒有基因交換的成長，會讓它的品質越來越弱化，逐漸地失去競爭能力，在山林裡很難爭得一席之地——所以山裡面如果有竹林，大部分是以前的人種的（竹子可以用來做建材、家具和燃料，竹筍也可以吃），即使附近沒有人煙，你也可以仔細訪查一下，可能找到一個長滿蘚苔的地基或者牆角，表示這裡曾經有過建築物。

當竹子自覺「不行了」的時候它就會開花，而且很神奇的，是一大片竹林一起開花，花粉會遠遠地散播到各地去，重新展開它們下一個循環的新生命，然後，然後更神奇的是：所有這些開花的竹子全部都會死掉——你有沒有感受到一點悲壯或者淒美的感覺呀？

竹子開花既然這麼難得、這麼少見，開花後所結的果實當然也就更加難能可貴，而這種鳥只吃竹子的果子，當然說明牠也非常的挑嘴，呃，我是說講究，總之「品味不俗」就對了。

你知道怎樣「使用」你的心嗎？

那隻雞即使聽到別的雞在叫，牠也沒有反應，看起來就像一隻木頭做的雞。牠的心，已經不會被外物所動。

「心」是一個非常特別的地方，我們說一個人有心或者無心，用心或者決心，甚至說居心不良、說用盡心機、還是說他有雄心大志……其實我們指的明明是他的腦（Mind）在想些什麼，說的卻是他的心（Heart）是什麼狀況，而且好像古今中外都是這樣的用法，這難道只是巧合嗎？

大家都知道心是心臟，是不斷跳動、維持我們生命的器官；腦子才是負責思考、決定我們言行舉止的部門。但我們在形容一個人的表現，不管是忠心、孝心、誠心或是愛心，用的都是「心」；而不會說忠腦、孝腦、誠腦或是愛腦，這樣看來：運用理智時我們是用腦，表現情感時我們用的就是心。

那麼心到底有沒有用呢？心對人有什麼樣的具體影響呢？我們來看看莊子怎麼說。

危難時，能依靠的只有堅定的心智

衞國的匡這個地方，有一個壞蛋叫做陽虎。

剛好孔子的相貌長得很像陽虎。有一天，孔子周遊列國來到匡這個地方，匡人就把他包圍起來、喊打喊殺。但是孔子不為所動，和他的弟子在重重的圍困中繼續講道。

子路就問孔子說：「老師你怎麼一點都不害怕呢？」

孔子回答說：「仲由（子路的名）我跟你講，在水裡面不怕蛟龍，是漁人的勇氣；在山裡面不怕猛虎，是獵人的勇氣；在戰場上不怕刀劍，是烈士的勇氣（古代勇敢的人就叫烈士，並不是死掉的才叫烈士，例如曹操的〈短歌行〉：『烈士暮年，壯心不已』）；知道命運時好時壞，面臨大難而不恐懼，這是聖人的勇氣。」

這時候孔子所根據的，其實不是理智的判斷，因為他也不確定：匡人到頭來會不會把它當作壞蛋陽虎痛打一頓、甚至動手把他幹掉。這時候能依靠的只有自己堅定的心智：既然眼前的災難是不可避免的，那就勇敢面對吧！

如果孔子因為心生恐懼而設法逃走、甚至苦苦求饒，那麼匡人一定會更相信他是陽虎，絕不會讓他好過。但就因為他態度鎮定、若無其事，匡人一定也會想：如果他是陽虎，為什麼一點都不害怕？會不會我們弄錯人了？

過了不久，果然有一個帶頭的武士進來對孔子說：「對不起，我們誤以為你是陽虎，現在沒事了。」[1]

這就說明「心」的重要：只要你的心是鎮定的、是堅決的，碰到事情不要「心亂如麻」、自亂陣腳，其實很多問題都不難解決。

孔子另外也提到「心」的重要性，他說：「射箭的人如果用瓦片做賭注，因為心裡沒有牽掛，就射得很巧妙；如果用身上的配件做賭注（例如戒指、玉飾之類的），射箭的人心裡七上八下，技巧就變差了；要是用黃金做賭注的話，射箭的人因為心理負擔太沉重，就完全失去技巧了。」

已經有這樣的技術在身上了，照理說應該是無往不利，那麼為什麼還會失敗呢？當然是因為不夠專注！而不專注的原因，就是因為有了「得失心」。

例如選手平常表現都很良好，一旦要上場爭奪奧運金牌了、要爭奪這個畢生的榮譽了、要爭奪幾千萬元的國家獎金了，「心」就被「外物」所連累，左思右想、忐忑不安……而心如果靜不下來，表現就會「失常」；換句話說，比平常還差，那不輸掉比賽才怪呢！

呆若木雞才是好雞

《莊子》裡還有一個「呆若木雞」的故事可以佐證，很多人都以為這句話是用來罵人的；剛好相反，這話其實是用來稱讚人的。

紀渻（音同醒）子替周宣王養鬥雞。

養了十天，周宣王問：「雞養好了沒有？可以打架了嗎？」

紀渻子說：「還沒，那隻雞現在意氣風發、鬥志高昂。」

過了十天，周宣王又問，紀渻子說：「還不行，那隻雞只要看見別的雞的影子、聽見別的雞的聲音，就會衝動起來。」

過了十天又問，又答：「還是不行，那隻雞常常對著四周怒目而視，牠的氣勢看起來就是自命不凡。」

又過了十天，周宣王照例又問，這時候紀渻子回答：「差不多可以了，那隻雞即使聽到別的雞在叫，牠也沒有反應，看起來就像一隻木頭做的雞。牠的心，已經不會被外物所動。」

於是周宣王就讓那隻雞下場去鬥雞，別的雞張牙舞爪，卻發現這隻雞一動也不動、完全不理牠們，大家卻都嚇得連連倒退，根本沒有一隻雞敢向牠挑戰。[2]

各位還記得曾經看過的武俠片嗎？只要是穿著華麗醒目的服裝、拿著奇奇怪怪的兵器、走起路來搖頭晃腦、動不動就大呼小叫、「看起來」好像很厲害的傢伙，平常或許還可以嚇嚇老百姓，一旦碰到真正的大俠，往往兩三下就被人家收拾得清潔溜溜。為什麼會這樣呢？因為真正厲害的人，不會到處炫耀自己的本領，唯恐人家不尊敬、不害怕他；真正厲害的人「曖曖內含光」，對人都很客氣、處事都很謙遜，因為他知道自己有本領、少對手，所以不需要浮誇、也不需要叫囂（更不會驕傲地自稱大師），大多數時候，敵人懾於他無形的氣勢，往往不戰而走，根本不需要他浪費力氣。

就算是兩個高手過招好了，你注意看哦！兩個人對峙了半天，只要是先動手的那一個，幾乎百分之百就是落敗的那一個……為什麼？因為「沉不住氣」，在心理上已經先輸給對方了。

誰先動手，誰就先露出了破綻，被對手有機可乘，兩個人的武藝其實或許不相上下，勝負就在於誰的「心」比較沉穩。

所以「呆若木雞」是什麼？是因為自己已經無懈可擊，所以目中無人（不是驕傲喔，而是因為自信沒有對手，根本不在意身邊有沒有敵人），不在意別人，也不會在意外物，「心」定了，人的能力就可以充分發揮了。

比漂亮更重要的事

還有一個有趣的例子：楊朱（對，就是「白馬非馬」、很會辯論的那一個，但劇情跟這個沒關係）到宋國去，住在一個客棧裡。

客棧的主人有兩個妾，一個漂亮，一個不漂亮，主人卻很喜歡那個不好看的妾。

楊朱問說：「奇怪捏，怎麼比較漂亮的妾你反而不喜歡呢？」

主人回答說：「長得漂亮的那個妾，自以為很美，反而讓人覺得不美了。長得不好看的那個妾，知道自己不好看，反而讓我忘了她的不好看。」

楊朱聽了以後，就對他的弟子們說：「小子們（孔子也常這樣稱呼他自己的弟子，翻成現在的話應該就是你們這些猴囝仔）要注意呀！人只要存心自誇，就變得不可愛了；只要去掉自誇的心，到哪裡會不受歡迎呢？」[3]

就像很多條件很好的女生，反而不容易找到對象，她們常常在問「男人的眼光怎麼那麼差？」「好男人都到哪裡去了？」……卻不知道就是因為她自以為條件好，姿態就會擺得比較高，對異性也比較挑剔，反而讓很多男生知難而退，不如轉而去找那些條件相對不是那麼好的女生。這些有「自知之明」的女生，反而比較溫柔、貼心、不給對方壓力……畢竟對男生來說，妳的「好」是妳自己的事，而妳對我有多「好」才是我實際能感受到的啊！

所以古代為什麼要說「謙謙君子」？一個謙冲為懷的人不會自大浮誇、不會恃才傲物、不會咄咄逼人、不會讓人敬而遠之……大家都很樂意跟他在一起，自然會受到他好的影響，也會對他有好的反應。簡單地說，一個「自以為了不起」的人，絕對不會是一個「真正了不起」的人，這個道理應該是淺顯易懂的吧！

所以最終人憑藉的還是「心」，人與人相處著重的也是「心」。我們固然要努力汲取知識、增加自己「腦」的累積存量；更重要的卻是修煉自己的「心」，用情感與智慧來面對困難、解決問題、並且與眾人和諧相處，這樣才能讓自己時時刻刻安心、隨時隨地放心，當然也就能做一個開心的人了。

你的心安好了嗎？照禪宗公案的說法，你得先把它找出來才行；如果能直面己心，也就不須要別人來安置你的心了。

如果真能這樣，你也就不用讀什麼勵志故事、心靈雞湯或是《煩事問莊子》了——真的，我跟你保證，因為莊子也說了，「得魚忘筌」，都抓到魚了，還管他用的是什麼工具呢！

延伸話題 **文字演變**

語言文字都是活的，會不斷演變，很多意思跟初創時不同，例如涕變成了淚、書變成了信（請參考《苦苓開課，原來國文超好玩》）……甚至我們常用的成語「罄竹難書」，本來是說一個人做的好事，多到連竹簡（那時還沒發明紙）用完了都寫不盡，但或許這個成語太好用了，大家用著用著，不管好事壞事都拿來用，後來甚至變成「壞事專用」（也許是做好事的人太少了！），大家也就誤以為這句話是專門用來罵人的。

有一位前任教育部長卻把它當好話用，立刻就炸了鍋，許多名嘴、民代紛紛跳出來罵他沒讀書，豈不知他就是書讀得夠多才會這樣講——這些自以為撿到槍的人，卻正好暴露了自己的淺薄無知。

又好像沆瀣（音為行謝）一氣，我以前都開玩笑說沆是左鼻孔、瀣是右鼻孔，所以沆瀣一氣就是「一個鼻孔出氣」，還真的有人相信呢！

其實沆瀣是指宋沆和宋瀣兩個人，他們是考生和主考官的關係（古代就可以互稱學生和老師了），老師非常欣賞學生的才華，兩個人意氣相通，所以被詡美為「沆瀣一氣」。這句話完全沒有一點不好的意思，天知道後來怎麼會變成用來罵人互相勾結的壞話！

由此可見，這世上有太多的「不見得」、「未必是」，所以我們更要常提醒自己：不要輕易說出「絕對是」、「錯不了」這些話——這種態度，也很符合我們家莊子的精神哦！

第二章

知識真的就是力量嗎？

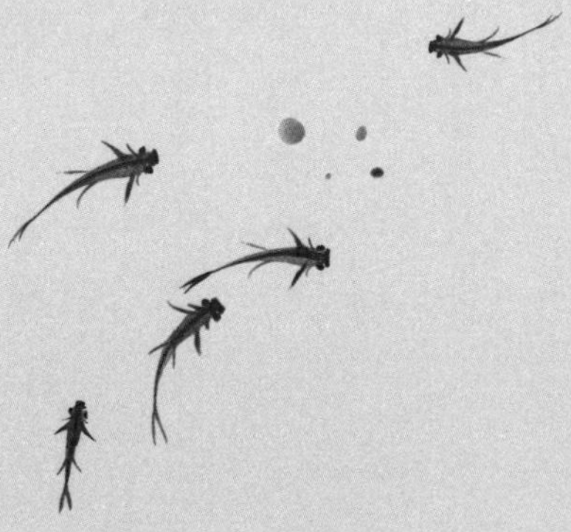

這個世界上根本沒有標準答案

他趕快改口：「那這樣好了，我早上給你們吃四升、晚上給你們吃三升好了。」於是猴子都高興了、都滿意了。

《莊子》的第二篇是〈齊物論〉。如果照我們（其實只有我一個人啦！）說的：第一篇〈逍遙遊〉是「相對論」的話，那麼〈齊物論〉就是「懷疑論」了。

莊子說（其實是我引申的，好在莊子也不可能穿越時空跑來反對）：我們看著天，就知道那個叫做天，但是如果一開始把天叫做「馬」，那現在你就是抬頭看著「馬空」，叫著「我的馬呀！」而如果人一開始把地叫做「指」，那我們現在就是站在「指上」，成語「指天劃地」就會變成「地馬劃指」（因為地被叫做指了，所以指也可能被叫做地）……這不是在繞口令，莊子還說：路是人走出來的，名稱是人叫出來的。人自己認為對的，就說「對」；人自己認為不對的，就說「不對」。但是對和不對的標準是什麼呢？

早上三根香蕉好，還是晚上三根香蕉好？

莊子舉了一個例子：人們都覺得西施是美女，可是對魚來說呢？魚看見西施，非但不會動心，反而可能一下就沉到水底去了[1]（除非西施小姐手上拿著一把魚飼料）。

莊子還舉了有名的「朝三暮四」的例子：有個養猴子的人，每天拿橡樹的果實（就是電影《冰原歷險記》每次一開始就被追的那個啦！）餵猴子。起先他跟猴子說：「每天早上給你們吃三升（大概是現在的一點五公升）橡子，晚上給你們吃四升橡子。」猴子全部都生氣了，他趕快改口：「那這樣好了，我早上給你們吃四升、晚上給你們吃三升好了。」於是猴子都高興了、都滿意了。[2]

一般人應該都會覺得這些猴子很可笑，但我們有沒有想想自己呢？

政府說健保快倒閉了，要增加保費，大家當然都不高興、不同意，於是政府就說不增加健保費了，但是我們要課「補充健保費」，於是大家就開開心心地同意了。結果政府不是拐彎抹角、一樣跟人民收了很多錢嗎？

太太抱怨先生不準時回家、老是忙著應酬，先生就跟太太保證以後不應酬了，太太轉怒為喜。但先生還是常常加班、還是沒有準時回家（而且加班的地方，也不一定是在辦公室），太太的歡喜只是一場空。

我們常常批評某些人講話是在「玩弄文字遊戲」，其實大多數時候，我們也都在玩著這種遊戲。就因為我們從小到大、從內到外，都被要求要有一個「標準答案」，任何行為都要判定是對的、還是不對的；任何觀念都要判定是好的、還是不好的；甚至連動物也要判定牠們是對人類「有益」或是「有害」，才能決定牠們的死活。

中國就曾經推行這樣的「運動」：全民殺麻雀！因為他們覺得麻雀吃了很多生長中的穀物，對「廣大人民群眾」大大的有害，於是全國不分男女老少，用盡各種手段把麻雀殺掉……果然全國的麻雀幾乎都死光了，但是農民有因此迎來一場史無前例的大豐收嗎？並沒有。

因為他們忘記了：麻雀雖然會吃穀物，但是也會吃昆蟲。沒有了麻雀，昆蟲大量繁衍，把穀物都吃光了——這時候你說，到底是麻雀有害？還是昆蟲有害？

在美國的黃石公園，因為狼吃了很多農人飼養的牲畜，所以農民就和政府官員聯合起來，把所有的狼都殺光了。過了很多年之後，他們卻又千方百計地，把已經絕跡的狼從加拿大引入黃石公園。為什麼？這不是典型的「引狼入室」嗎？那是因為沒有了狼，鹿群大量繁衍，把許多植被都吃光了，嚴重破壞整個區域的生態平衡，搞得所有的動物都不好過，所以還是得把狼「請回來」才行——這個時候，人類還好意思說狼是「有害」的嗎？

我只知道我不知道

《莊子》裡提到：齧（音鑷）缺問王倪：「你知道萬物的知識，有共同的標準嗎？」

王倪回答：「我哪會知（臺語，我怎麼知道）？」

齧缺再問：「那你知道你所不了解的事物嗎？」

王倪還是回答：「我哪會知？」

齧缺又問：「那麼關於萬物的知識，就沒辦法知道了嗎？」

王倪的答案並沒有變：「我哪會知？」

不是因為很重要所以才說三遍，王倪「三問三不知」表面上讓提問的齧缺很失望，其實他是在告訴對方「你怎麼知道我說的知不是不知？你又怎麼知道我說的不知就是知呢？」

唉，又來繞口令了，王倪這時候就對著似懂非懂的齧缺說：「我問你，人如果睡在潮溼的地方，會得到關節炎，可是泥鰍會嗎？人如果爬到高的樹上就會有懼高症，可是猴子會嗎？泥鰍、猴子跟人住的地方都不一樣，誰知道哪一個住處才標準呢？人喜歡吃肉，鹿喜歡吃草，蜈蚣喜歡吃蛇（呃，我想莊子是要說蚯蚓），烏鴉喜歡吃老鼠……這四種動物的口味都不一樣，又有誰能說哪個口味是標準的呢？」[3]

真相大白！原來莊子要說的是：這個世界如此複雜多變，所以沒有一貫的、通用的、確定的、永久不變的標準，所以我們固然要努力追求知識，但千萬不要以為自己所知道的就一定是對的、就是人生唯一的「標準答案」。

就連我們從小讀書，絕大多數的考試，不管是選擇題、是非題、填充題都要我們寫上「標準答案」，所以我們也就不斷地死記死背各種標準答案，甚至從來沒有敢懷疑過一下：這個答案真的標準嗎？

太陽繞著地球轉，曾經是人類的標準答案，後來整個被推翻了！高山就是高山、大海就是大海，原來以為這是萬古不變的，後來整個被推翻了！才知道高山跟大海一直在變來變去。就連清清楚楚的太陽系九大行星，後來竟然也被推翻了（冥王星因為跟其他星星感情不好，所以被趕出去了——別鬧了！是冥王星後來被發現是「矮星」而不是行星，所以被除名的）……換句話說，所有你自認為已經「知道」的，結果你還是可能「不知道」；因此這個世界上所有的「標準答案」，都可能是不標準的，或者將會變成不標準答案，更嚴格地說：世界上根本就沒有什麼標準答案！

所以正確的考試題目不應該是「孔子名叫什麼、是哪裡人、做過什麼官、編過哪些書」，你說這些不都是有標準答案的嗎？那也不一定！連他的《論語》都有各種不同的版本了，誰敢說他的身世就一定是這樣的呢？

重點是：這些根本不重要！考試的題目應該是「你對孔子的思想有什麼看法？你覺得孔子的思想對中國文化的發展有什麼影響？」這些當然都不會有標準答案，所以才能讓每個人盡情地表達，也能吸納更多其他人的看法，然後匯聚成人類全體的智慧與文明。

對於所有的知識，尤其是所謂的標準答案，都要先存著「懷疑」的心，這才是我們求知的不二法門。

延伸話題

沉魚落雁

很多人都以為「沉魚落雁、閉月羞花」是用來形容女人很美麗，讓這些魚類鳥類甚至月亮花朵都驚為天人或自嘆不如，紛紛地「失態」或者「羞愧」。甚至還有人拿中國四大美人來對應：沉魚的是西施、落雁的是王昭君，閉月的是貂蟬、羞花的是楊貴妃——No No No，前面莊子不是已經舉例了嗎？魚可不是因為西施的美貌才沉下去的。

其實沉魚落雁的成語出自唐朝宋之問的〈浣紗篇贈陸上人〉：「鳥驚入松蘿，魚畏沉荷花」，牠們真的是因恐懼而落、因害怕而沉的。那你覺得牠們看到的應該是美女還是醜女呢？

「沉魚落雁」本來是用來形容醜女的，現在大家卻都覺得是用來形容美女，那請問哪一個才是標準答案呢？

沒錯！如果照莊子的意思，這個世界上本來就不應該有標準答案；而如果照我的意思，不管美女醜女，只要手上沒有拿著飼料，對魚兒來說都還不如水面上的一隻小蟲，當然不如沉下去呀！

所有的「真的」，都很可能是「假的」

到底是莊周作夢變成蝴蝶，還是蝴蝶作夢變成了莊周呢？

《莊子．齊物論》的第二個部分，就是對思想很大的挑戰了。別說在兩千多年前，即使身在二十一世紀的我們也未必能夠接受。

莊子已經說過了：所有的知識未必都是真的。因為人類的所知與時俱進、瞬息萬變，而且並不定於一尊。

例如你想知道什麼事，都可以去看維基百科，但你卻無從分辨裡面寫的到底是真是假，所以你只能得到一堆「訊息」，甚至是不是「知識」都不確定。

在我年輕的時候（大約清末民初吧！），我們是去《大英百科全書》找資料的，我們大致相信內容為真，因為它至少經過許多專家學者共同的認證，有「大英百科」這個品牌為它背書。而現在大家常用的維基百科呢？連已故毒物專家林杰樑的出生年月日都可以被纂改，那其中到底還有什麼是可以確信的呢？資訊更加豐富、甚至氾濫的時代，我們卻更缺乏判斷資訊是否為真的能力，「求知」真的不是只拜Google大神就夠了！

所以，過去如此，今天猶然：對於所有的知識都要持「懷疑論」，不可「全信為真」。

但莊子卻要更進一步，不只不要我們完全相信知識，甚至也不要完全相信我們的感受——這下代誌可大條了！

感受可能是假的

我自己身體感受到的痛會是假的嗎？我的癢、我的痠會是假的嗎？更別說我的喜怒哀樂了，那更是再真實也不過的，莊先生你卻叫我不要相信，你是在哈囉嗎？

先講一下我的個人經驗：幾年前，我的身體各個不同部分，經常會無緣無故地疼痛，做了許多檢查，身體各器官卻都沒有毛病，甚至我的健康檢查表一個紅字都沒有……明明是一個健康的人，卻這裡痛那裡痛的，難道我是在騙人嗎？

後來我終於「確診」了！

如果我們的身體某個部分受到傷害（包括外傷或內部細菌、病毒入侵），我們的神經就會告訴我們這個地方「痛」，算是一種「空襲警報」。

但我的神經卻出了狀況：明明沒有任何地方受到傷害，它卻告訴我那個地方會「痛」，也就是說它放的是「假警報」；換句話說，我沒有別的病，我得的是「神經病」。

那你說，像我這樣的「痛」算是真的還是假的呢？就像有些被截肢的人，還會感覺到自己被截掉的肢體在疼痛，其實這是一種「幻覺」……可見得即使是自己的親身感受，也不要輕易就信以為真。

感情也可能是假的

那你說感受不一定是真的，感情總不會是假的吧？也會耶！

例如你撿到一張彩券，拿去對獎發現自己中了大樂透，立刻變成億萬富翁，可以馬上辭掉工作、環遊世界，這時候你的欣喜若狂當然是真的！但拿去兌獎的時候，才發現那張彩券是上一期的，這時候你的快樂立刻灰飛煙滅，只剩下失望、鬱悶和悲傷，那這樣的痛苦又是不是真的？

又例如你（算了，不可以老是得罪讀者，這種倒楣的事就用我做例子好了），例如我去做身體檢查，知道自己得了絕症，只剩半年好活，我當然有如青天霹靂，我悲傷、我憤怒、我沮喪、我怨恨老天不公平（其實老天很公平，人都有一死，問題是我現在哪裡聽得進去？）……後來我又換了一家醫院、再檢查一遍，結果發現之前是誤診了！我的身體好好的、一點毛病也沒有，這下我絕處逢生、欣喜若狂，甚至想要放鞭炮慶祝了。

這兩件事情都說明了：我們會莫名其妙地為一件本來就不存在的事情，從天堂跌到地獄，也會從地獄升到天堂，然而這一切感情的劇烈波動不都是枉然嗎？

可見得就算感情，也是因時因地因人而生的，如果你不那麼在乎，它就不那麼重要，對你也就沒有那麼大的影響——我年輕的時候每次失戀，都覺得自己再也活不下去了，結果還不是死皮賴臉地活到一大把年紀，現在回頭想想，不禁啞然失笑。

那請你也回頭想想：這一生所有的大喜大悲甚至大怒，都真的有那麼必要嗎？都真的對你造成了巨大的改變嗎？又或者其實只是鏡花水月，回首當時，不過是小小的心緒起伏而已？

在《般若波羅密多心經》裡面，也提到類似的觀念：「是故空中無色無受想行識」，就因為世間萬物的形成沒有一樣是無故的、必然的、確定的、不變的，所以不但是事物的表象，包括了人的感受、思想、行為和知識，其實我們都不必過於執著和過度在意。

心經裡面有很多個「無」，但這個「無」的意思不是沒有，而是不Care，這和莊子的思想倒有異曲同工之妙，難怪比起儒家，道家和佛家似乎比較合得來。

不論莊周還是蝴蝶，都是夢一場

說了半天，怎麼還沒有說到《莊子》本文呢？因為一定要說這麼多，我們才能理解歷史上有名的「莊周夢蝶」：

有一天黃昏，莊周（就是莊子本人啦！因為沒有人厚臉皮稱自己為「子」的——欸好像有一個苦苓就是這樣耶！）夢見自己變成了蝴蝶。他拍拍翅膀，發現自己果然真的是一隻蝴蝶，快樂的不得了，這時候他完全忘記了自己原本是莊周。

過了不久，莊周忽然在夢中發現：原來那隻快樂的蝴蝶就是莊周，那麼到底是莊周作夢變成蝴蝶，還是蝴蝶作夢變成了莊周呢？[1]

本來莊周和蝴蝶一個是人、一個是昆蟲，應該是有區別的，但是到了夢中，莊周才體會到：原來莊周也可以是蝴蝶；那麼同理可證，蝴蝶當然也可以是莊周。

就像我們前面講到喜怒哀樂，那如果是在夢中發生的事情，這些喜怒哀樂也是非常強烈而真實的，在我們醒來之後卻逐漸模糊，而且很快就淡忘了。有人會斤斤計較剛才在夢中所發生的事情嗎？覺得自己在夢中所付出的情感是有必要的嗎？應該沒有吧！

那如果莊子告訴你：其實你以為自己已經醒來的現在，你其實還是在夢中，那怎麼辦？就像你以為自己夢見了蝴蝶，其實是蝴蝶夢見了你，你只存在於蝴蝶的夢中，那又怎麼辦？

大家可能快要不耐煩了，我還是趕快做一個結論吧：「人生如夢！」一切都會過去的、一切都可能不是真的、一切都沒有那麼嚴重（至少我們可以趕快醒過來不是嗎？）、一切都不值得你那麼地在乎和掛懷……如果能這樣想，那麼與其回首過去、或者展望將來，都還不如好好把握現在（就像正在夢見自己是蝴蝶的莊子）吧！

延伸話題 神經病

平常我們罵人神經病，指的其實不是他的神經有問題，而是他的精神不正常，所以正確的罵法（咦?罵人也有方法論嗎？）應該是「精神病」。

但是就像我的神經病後來可以用藥物控制，許多精神病其實也是生理的問題（不一定都是心理造成，所以你叫他「想開一點」實在是一句廢話），最好的方法還是去看身心科的醫師、對症下藥，至少有改善的希望。

最重要的是：當你半夜接到朋友的電話，忽然想跟你談一談的時候，千萬不要因為任何理由而拒絕他，因為你很可能是他溺水之前，想要抓住的最後一根稻草。

我們絕不會去罵一個罹癌或者殘障的人，那麼同樣地，我們也不應該歧視得到任何疾病的人，從今以後，請把它從你的字彙裡收起來，不要再罵任何人「神經病」或者「精神病」了！

人生最大的冒險，就是不斷地求知

人的生命是有限的，然而知識卻是無窮的，如果用有限的生命去追求無窮的知識，那是非常危險的。

既然《莊子》的第一篇〈逍遙遊〉是「相對論」、第二篇〈齊物論〉是「懷疑論」（其實這都是我說的啦！還好莊子仍然不會穿越時空來糾正我），那麼第三篇〈養生主〉應該就是「自然論」了。

在這裡，莊子再度提醒我們對於「知識」要保持「警覺」：除了不要全面性、無條件地接受所謂的知識之外，對於自己追求知識的「態度」，也要有所保留。

咦？怎麼我好像在打臉自己？知識不是越多越好嗎？人越有求知欲，不就表示越有上進心嗎？——關鍵就在這裡！你什麼時候聽過莊子叫人要有上進心了？在接下來的篇章裡，我們有很多機會介紹到莊子嘲笑各種愛做官、想做官（包括孔子在內！）的人，對於根本不接受世俗功利標準的莊子來說，追求知識也不過是為了多了解這個世界，絕對不是為了知識「有什麼用」。

關鍵在於：人的生命是有限的，然而知識卻是無窮的，如果用有限的生命去追求無窮的知識，那是非常危險的（生也有涯，知也無涯，以有涯逐無涯，殆矣——這一段原文雖然是文言文，但寫得實在太帥了，念起來也很好聽，所以特別破例收錄在這裡，不是為了混字數喔！）。

想要進步，先承認自己不足

照這麼說來，知識既然是無窮無盡的，那麼生命有限的我們，是不是乾脆就不要追求知識了？剛好相反！就是因為知識無限，所以我們更要終其一生努力地追求，就像古人說的「書有未曾經我讀，事無不可對人言」，這是許多讀書人終身追求的境界，不瞞你說，我也在努力朝這個目標前進，不過當然還差很遠。

所以重點在於「以有涯逐無涯」，莊子是在提醒大家：既然知識是無窮無盡的，你就千萬不要以為有一天你可能「什麼都懂了」，甚至你現在就以為自己「什麼都懂了」——這種事經常發生在科學專業人員的身上，他們總以為自己是這個領域的頂尖者，所以自己的認知和判斷絕不會錯，卻忘了科學日新月異，很可能在他自以為是的一剎那，更新、更正確、更實用的知識已經出現了，歹勢噢，他並沒有「什麼都懂了」。

這也就是為什麼古人要我們「虛懷若谷」的原因：只有你永遠自覺是「不足」的，你才能裝進更多東西；如果你因為擁有許多知識而「自滿」，那就表示你再也沒有進步的空間了。

所以莊子警告我們「危險」，是要我們了解「學海無涯」，所以絕不可以在知識上志得意滿，否則反而會畫地自限。莊子是在鼓勵我們繼續往知識的大海努力航行，而不是叫我們乾脆就不要上「求知之船」了，這一點千萬要搞清楚。

何況莊子最後還說了：知道這個危險（以有限的生命追求無限的知識）卻以為知識能夠讓你變得聰明，那就更危險了。

怎麼會這樣？知識不就是要我們變聰明的嗎？怎麼反而會更危險？大家看看聰明

這兩個字：一個是耳部、一個是目部（明原來應該寫做明），也就是「耳聰目明」的意思，能夠聽到、看到許許多多的知識，當然是聰明。

但是你聽過一個聰明的人自己說「我很聰明」嗎？絕對沒有，因為一個真正聰明的人，就知道自己的知識永遠是不夠的，就不會「自以為聰明」。

而一個自以為聰明的人，用著自己有限的知識，去做一些自以為可以勝過別人（因為他以為自己比別人聰明、比別人厲害嘛）的事情，往往就會發現原來事情不像他想得那麼簡單，或者原來人家比他高明多了，到頭來「聰明反被聰明誤」，往往就碰了一鼻子灰。

不是有一句大家都很熟的話嗎？「機關算盡，反誤了卿卿性命」，莊子卻早在兩千多年前就警告過世人了！

知識最好的「使用方式」

說了半天，人既要努力地追求知識、讓自己變得聰明；卻又要自覺知識永遠不夠，所以千萬不要自以為聰明——吼，有夠麻煩的，那還是乾脆放棄追求知識，那就絕對跟聰明無緣，也就不會發生莊子所說的「危險」了？

當傻瓜應該是會比較快樂，因為不知道有什麼好煩惱的，當然也就「無憂無慮」。但是傻瓜是天生的（你要說是一種「天賦」也可以），你如果不是天生傻瓜而硬要「裝傻」，那就不自然了——而「自然」正是本篇的主旨呢！

我們從小學習，很自然地想知道原本不知道的事，這是人的本性，沒有必要刻意違拗。而逐漸累積的知識，也使得我們知道如何在這個社會立身處世，進而可以用這個知識來維持物質生活，更可以從對知識的追求中得到精神的滿足……這就好像莊子說的：用油脂來做柴燒，油脂有燒完的時候，火卻會永遠地傳下去，沒有窮盡。[1]（感謝羅龍治先生，若不是讀了他的書，我一直以為原文「指窮於為薪」的指是手指頭②，手指頭是要怎樣拿來當柴火燒呀？）

是的，「生也有涯」，人的生命是有限的，但在有限的生命內努力地追求知識、累

② 指疑為「脂」的誤寫或假借。

積知識甚至傳播知識，那麼這些知識就可以代代相傳，成為人類共同的文化遺產，造就了人類的光輝文明，也就不用擔心什麼「知也無涯」了。

我們讀這麼多古人的書，或許裡面有些知識或觀念已經不合時宜了，但是「去蕪存菁」之後，最精華的文化思想留了下來，不但供我們終身受用不盡，還可以加上更新穎合宜的知識，一代又一代地綿延不絕、薪火相傳……這不就是知識最可貴的地方，也是我們對知識最好的「使用方式」嗎？

你看，透過那麼多人（不好意思，好險也包括我）的詮釋與闡述，讀者諸君輕輕鬆鬆就可以接觸到莊子的精華思想，因而能對世界有不一樣的認知、對人有更好的對待方式，甚至自己的人生也觸及了另一個境界……你不覺得真的是「賺到了」嗎？

延伸話題 **有知識vs有學問**

我們說一個擁有豐富知識的人，不會說他「這個人很有知識」，應該會說他「這個人很有學問」（有時候我也會被人家這樣說，但是這不合我謙虛的本性，通常我都會加以婉拒——不過這樣的機會實在也不多）。

那你看：「學問學問，要學就要問」，為什麼學了還要問呢？因為孔子說「學然後知不足」（這一點他的想法倒是和莊子差不多，看來他倆也不是那麼誓不兩立），因為你學到某些知識，就會想得到更多有關的知識；而你有了更多知識之後，就會對目前的知識產生懷疑……這些都會讓你想要提出問題、得到更多或更正確的解答。

所以如果只學而不問，就像大部分的華人學生那樣只會猛點頭、抄筆記、背起來、考高分……而沒有能力對老師提出質疑或進一步的問題，那麼就只是對別人提供的資料照單全收，而完全沒有懷疑、分辨、判斷和發揮的能力，那不就說明自己完全無法創新、超越原有的知識？那你就只是一個「知識貯存機」而不是「學問創造機」，那我們只需要維基百科就好了，還要你幹嘛？

重點是如果沒有懷疑判斷的能力，那麼即使到了維基百科，也無從分辨哪些資料是真的、哪些是假的，只會被淹沒在浩瀚的資訊大海裡，那不管讀了再多書，就真的只能被稱為「有知識」，無論如何也沒辦法變成一個「有學問」的人了。

就算聖人的話也不一定要聽

必須要具備了聖、勇、義、智、仁這五種美德，才有資格做一個大盜呢！

道家常常有很多驚世駭俗的言論，其中一句可能是最有爭議的，那就是「聖人不死，大盜不止」。

聖人是教化我們、給我們做榜樣的人；大盜是偷取我們財物、遭我們厭惡的人。這兩個南轅北轍，哪有什麼關係？更何況說什麼大盜是聖人「帶來」的，只要一天有聖人，就一天有大盜？這簡直就是狗、呃、那個不通！

其實這句話是老子說的，但是莊子和他心靈契合（難怪大家總是要把老、莊放在一起），所以講了很多引申這一句話的故事。

做大盜也要講理？

在〈胠篋〉（音屈切，打開箱子的意思）篇裡，莊子提到一般人為了防小偷，把珠寶鎖在箱子裡，把金塊密密地縫在袋子裡，以為這樣子就可以很聰明地防盜了。有一天晚上，來了一個大盜，把珠寶箱和裝金塊的袋子背起來就跑。一路上大盜還擔心那個箱子鎖得不夠緊、袋子縫得不夠密呢！

這樣看來，世俗所謂的防盜術，到底是聰明、還是愚蠢呢？[1] 莊子的意思，難道是要我們把珠寶和金塊放在銀行保險箱嗎？他就算穿越時空，應該也不會在「古代」提出這麼「現代」的建議。

他的意思其實是在說：我們有些寶貴的東西怕天掉、怕人家來偷，就把它藏起來，放在箱子或是袋子裡，以為人家看不到，就不會來偷了。可是真正厲害的小偷（升級版就是大盜了）卻可以從箱子或是袋子，看出來裡面藏的是寶貴的東西（不然你幹嘛鎖那麼緊、縫那麼密？），直接就把箱子或袋子偷走了，這豈不是印證了「欲蓋彌彰」這句話，也說明了「聰明反被聰明誤」，甚至OS：果然是「道高一尺，魔高一丈」？

莊子對大盜的「評價」是很高的：古代有一個很有名的大盜叫做盜跖（你看，連名字裡都有盜，很專業吧？），他的手下問說：「盜也有道嗎？」

盜跖（音直，腳掌的意思）回答說：「怎麼沒有？做大盜的人，能夠預先猜出房子裡的財物在哪裡，這是聖（先知先覺的意思）；偷東西的時候，一馬當先、不怕被抓，這是勇；偷完以後，最後一個才出來，這是義；事先判斷現場狀況能不能下手，叫做智；把偷來的東西分得很公平，叫做仁。必須要具備了聖、勇、義、智、仁這五種美德（哇！比童子軍的智仁勇三達德還多耶！），才有資格做一個大盜呢！」[2]

這也就是「盜亦有道」這一句成語的由來，可是你真的覺得：莊子會這樣不分青紅皂白地讚美偷竊的行為嗎？其實他是假借盜跖的話在提醒世人：你看，就連一個大盜，都可以用各種道德的名目，把自己說得那麼了不起，簡直就是拿這些美德來做護身符，也可見得世間的壞人，如果不假借聖人所發明的這些道德，恐怕還沒辦法理直氣壯地做一個大壞蛋（例如大盜、或是大騙子）呢！

就像大家熟悉的《水滸傳》裡面，梁山泊一百零八條好漢打著「替天行道」的旗子，其實幹的就是燒殺擄掠的行徑（個中詳情，請參考我寫的《苦苓開課，原來國文超好玩！》），但是由於有了聖人發明的這個「道」，他們就可以理直氣壯地做壞事了。

其實哪裡來的「天」會教你那樣的「道」：一群手腳不缺的壯年人不事生產，卻集結在一起專門搶奪別人的財物，非但沒有一點羞恥心，還覺得自己是「劫富濟貧」——你看！這又是拿著聖人的話當幌子，窮人固然應該接濟，但怎麼會是用搶來的富人的財物呢？富人的錢也是自己辛苦賺來的（除非他是貪官或者奸商，但是宋江老大顯然沒有叫手下查證這一點），憑什麼就要白白送給窮人呢？這跟共產黨又有什麼兩樣呢？

你看！專搞無產階級專政的共產黨，其實也是一種「大盜」，但是他們也都自以為很有道理，什麼馬克思、恩格斯，什麼列寧、史達林，這些人不就是他們的「聖人」嗎？結果他們的「道」不知害慘了多少人。

所以莊子才會苦口婆心地主張：不要一天到晚講什麼聖人之道，如果什麼人、什麼事都要符合聖人之道的話，那麼好人如果得不到聖人之道，難道就不算好人了嗎？而壞人若是得到了聖人之道（就像到盜跖自己誇口的五種美德一樣），就變成了不起的壞人了嗎？

「而現在的天下畢竟好人少、壞人多，所以聖人對於天下來講，也就是害處多、益處少了。」[3]這是莊子的結論。在春秋戰國那個時代算是亂世，強凌弱、眾暴寡，莊子覺得壞人當道，而且個個說得頭頭是「道」，才會發出這樣的感嘆。

我們現在的世界，或許好人還是占大多數，但是也不要忽略了很多壞人因為能夠用許多大道理來做掩護，使得我們忽略了他們對社會的危害。

美德也可以用來做遮羞布

河水乾了，溪谷就空虛了；丘陵倒了，深淵就填平了；聖人死了，大盜就沒有了（你看！這一句是不是和老子說的一模一樣？會不會是莊子抄來的？），天下也就太平了。[4]

但是一般人不這樣想啊，大家總是崇拜聖人，想藉著聖人的力量來讓天下太平，結果卻給盜跖提供了最大的買賣。

世人製造了許多斗斛來測數量，大盜卻連斗斛都偷走了；世人製造了許多秤子來秤重量，大盜卻連秤子都偷走了。

世人製造多少的印章來做信用，大盜卻連印章都偷了；聖人製造了多少的仁義來矯正罪惡，大盜卻連仁義都偷了。

你沒看見嗎？這個世界上偷人家錢財的小偷，都被抓來殺掉（以前的刑法比較嚴）；可是偷走別人國家的大盜，卻被封做諸侯嗎？[5]

啊，說了半天，莊子原來要講的是「竊鉤者誅，竊國者侯」，原來他老人家和我一樣，轉彎抹角地就是要發牢騷嘛！所以莊子在同一篇裡，還講了一個田成子盜齊國的故事：齊國有兩千多里的面積，各種宗廟社稷和治理人民的制度，都是照聖人留下來的規定去做的。

有一天，田成子偷到了齊國的王位，他也偷用了聖人的法制來保護他的王位，其實齊國人都知道田成子是一個大盜，甚至別的國家的人也知道，但是沒有人敢去動他。於是田成子利用聖人的法制，讓他的世世代代都占有齊國，一共傳了十二代之久。[6]

從這樣看來，世俗所謂的聖人的法制，是不是剛好就變成了大盜的保護傘呢？

所以莊子才會說：當大盜變成了諸侯，那大盜的家裡就連斗斛、秤子、印章和仁義統統都有了。做大盜既然這麼好賺，那麼給他高官厚祿也沒法讓他放棄，用嚴刑峻法也沒有辦法禁止他……這麼說起來，這一切是不是聖人的錯呢？[7]

其實我們看看歷朝歷代，如果有誰想要推翻一位君主，那他根本就是背叛、不忠，應該是完全站不住腳的；但如果懂得從聖人那邊去找道理，就可以說是「清君側」：我是為了除掉皇帝身邊的奸臣——當然除奸的時候，也會「不小心」把皇帝除掉！

如果找不到什麼理由除掉皇帝，那就用「廣大人民群眾」做藉口，反正哪裡也不缺窮苦人家，那又是誰害你們窮苦的呢？當然是皇帝啊！所以我們又跟聖人借到一個道理：「解民倒懸」，是為了解救人民於水深火熱之中才把皇帝幹掉的，這可不是背叛、也不是不忠，這是「愛心滿滿」呀！

如果老百姓實在過得也沒有那麼苦，那又要找什麼理由讓皇帝下臺呢？趕快Call一下聖人，結果聖人馬上提供了史上最完美的篡位說明書：「奉天承運」！喂，是老天爺要我來坐這個位子的，我怎麼能反抗天意呢？再來就看皇帝你自己愛下不下，如果「打死不下」，那就真的把你「打死」了，這下看你還下不下？（這一段未免太像繞口令了，哈。）

這就像藥物能夠殺人，也能夠救人；聰明能保護自己，也可能害了自己（還記得那個把財物藏在箱子裡的人嗎？）。法制如果被好人用了，就可以保護好人；但是如果被壞人用了，也一樣可以保護壞人。聖人所說的種種道理又何嘗不是這樣呢？

所以我們不能過於膚淺地，就被忠啊義啊仁啊勇啊這些所謂的「美德」所迷惑。口口聲聲喊著這些口號的人，究竟是真心誠意、還是心懷鬼胎，就像俗話說的「滿口仁義道德，卻是一肚子壞水」，我們也要能夠分得清楚，才不會人云亦云，被人家白白利用了自己還不知道，還以為自己做的是好事、站的是「有道」的一邊。

所以「聰明不一定是好的，聖人也不一定是對的」，莊子說這些話並不是在反對智慧，反而是期許我們有更高的智慧，能夠辨別世俗一般人所稱的各種道德，不被人家唬弄了，也不被人家牽著鼻子走，這樣才是真正的聰明、真正的智慧吧？

如果一定要說的話，這一篇就是莊子的「懷疑論」囉！是嗎？我懷疑……

延伸話題

盜跖

莊子雖然是一個很會杜撰人物的傢伙，但盜跖倒不是他瞎編出來的，他是當代很有名的大流氓，也可以算是黑道裡的大哥，他帶著九千個小弟，到處搶人家的牲畜，強姦良家婦女，「橫行天下，侵暴諸侯」，別說老百姓對他聞風喪膽，就連諸侯也聞之色變。

而且他也不說什麼好聽的「劫富濟貧」、「替天行道」（就說他不聽聖人那一套了！），孔子曾經企圖想要用仁義禮教去感化他，兩人見面的時候盜跖正在煎人肝，你可以想像孔子的一番話想必講得結結巴巴、詞不達意，反正盜跖也不Care他，反而威脅他說：「你再不滾，我就把你的肝也挖出來煎。」嚇死寶寶了！孔子落荒而逃。

你可別這樣就以為盜跖是個大老粗，人家也是有中心思想的，他認為孔子講話很矯情、行為很虛偽，用來迷惑天下那些國王，也不過想要搞個官做、弄點錢花而已。要說盜，還沒有比孔子更大的盜呢！因為我偷的是錢財，他去偷人家整個國家呀！天下人不應該叫我「盜跖」，反而應該叫他「盜丘」（孔子名丘，字仲尼）才對。

這些話你也不能都說是強辯，強盜能夠奪取的財物再多也有個限度；位高權重的達官貴人卻可以把整個國家都盜走——乾隆時的和坤私人財產比國庫還多，在歷史上這樣的宦官或是權臣比比皆是，盜跖說的話並不誇張，甚至可以說很有遠見。

不只這樣，他每個君王都罵，他說：「黃帝不能以德服天下，和蚩尤在涿鹿之野大戰，流血百里，犧牲了許多無辜的性命。後來的商湯流放他的主子夏桀，周武王殺了他的Boss紂王……從此以後，以強凌弱，以眾暴寡，從湯武以來，他們都是作亂的壞蛋呀！」

對照我們前面說的，哪一個開朝的君王，不是用很好聽的聖人的道理，把自己帶兵屠殺對方很多士卒，連累許多無辜百姓，血流成河、哀鴻遍野的殘暴行為「正當化」了？盜跖沒有說他自己不是壞人，但他要提醒大家：世界上其實有許多更壞的、你卻看不見的人。

如果只會死讀書，那還不如不讀書

連做車輪這麼簡單的事都傳不下來，那古代聖人所得到的那些大道，又怎麼可能傳得下來呢？

這一次我們有很多故事好講，都是一個人去見另外一個人的，但是莊子想要借用他們來表現的理念各不相同，大家要特別用心喔（講得好像以前有用心似的）。

虛名就像破鞋子

首先說到一個叫做士成綺的人去見老子。

他對老子說：「我聽說你是有大智慧的聖人，所以不遠千里而來見你。但是見到你以後，我大失所望，我好像來到一個老鼠洞裡，看到灑了滿地的菜葉，一點都不懂得愛惜。」

跟聖人這樣講話夠「嗆」吧？真的很沒禮貌。但你以為老子會勃然大怒嗎？沒有耶，老子什麼反應都沒有，基本上把他當空氣。

士成綺得意洋洋地走了，心裡本來很爽，覺得自己能夠把有大智慧的人嗆一頓，應該是打了一場勝仗，但是心裡又怎麼覺得空空的呢？

第二天他又去找老子，問說：「我昨天把你罵了一頓，我以為我贏了，可是心裡卻覺得很空虛，請問這是為什麼？」

老子回答說：「什麼聖人不聖人，這種虛名對我來說就像破鞋子一樣，早就把它扔掉了。我如果能夠得道，你叫我是牛、是馬，或是老鼠……都ＯＫ啊！有什麼關係？」[1]

這一來可就高下立判了！我們的社會上，不管在任何領域，總有一些人想要藉著貶低別人來提高自己，卻不知道他自己高不高，跟別人低不低一點關係也沒有。

一個人在任何一方面有了成就、做得比一般人好，自然就會得到比較崇高的地位，別人對他的尊敬是發自內心的，絕對不是因為他去貶低其他人才得到他的地位。

所以士成綺這麼做，就像一個大公司裡的小職員，自己績效不好，擔心位子不保，但是又實在不優秀，只好拚命說別人的壞話，好像別人都聽起來「不行」了，他就變得比較厲害了——但是老闆又不是塑膠做的，難道會看不出來嗎？

相形之下，他跟老子簡直天差地遠，老子不但因為自己的修養，達到了崇高的地位，而且一點也不Care這個位置所帶來的虛名，這才是真正的「修道」！

像社會上有些人，稍有成就就動不動稱自己為大師，或者別人稱他為大師，他也欣然接受。而我是絕對不敢這麼「囂張」的，我只有一點雕蟲小技、口舌之能，憑什麼被叫做大師？有的話，應該也是「大失所望」的「大失」吧？

就像佛教的修行者，不管道行再高，他們只會自稱和尚或法師，你只要看到那種自稱上師、上人（上不就是自認高人一等嗎？但眾生不是平等的嗎？）的，基本上都不用給他太高的評價，因為他還被困在世俗的虛名裡面呢，阿這樣是要怎麼得道？

所以士成綺「這聲知死」（臺語，知道事情嚴重）了，知道老子不是簡單人物，趕快閃一邊去，連正眼都不敢看他，然後很謙虛地問：「我錯了！我該死（沒有啦，這一句是我加的）！請問我要怎麼做才能改變自己呢？」

老子也很有氣度，沒有叫他去「呷賽」，回答他說：「你昨天來的時候，一副驕傲的樣子，好像是要來跟人家打架的，這就好像草原上的一匹野馬，突然被人抓到了，就心氣浮動、焦躁不安，完全失去了牠的本性。失去本性的人，就叫做『自然的賊』，你如果要修道的話，就請你恢復自然的本性吧！」[2]

這個比喻其實很清楚：很多時候我們自以為是，甚至自以為了不起，就想去挑戰權威、打敗比我們更厲害的人，但其實因為自己心虛、沒有把握，所以才會「虛張聲勢」，一上來就想藉著貶低對方來抬高自己，而且馬上質疑世俗給他的評價和尊敬，以為只要在言詞上壓過他，自己就算「打擂臺」成功，比他還行了。

問題是：真正達到「大師」等級的人、已經「得道」的人，根本不會在乎這些虛名，也不會在意這些輕慢的攻訐。對他們而言，這些「挑戰者」只不過像是在身邊飛來飛去的蟲子，根本不值得理睬，拜託哦，誰有那個閒工夫？

所以老子告訴他，也告訴我們「自然就好了」（這一句請用臺語，比較傳神），你就依照自然發展你的本性、對待別人。因為自然本來就是一片祥和的，所以你自然地就會跟大家處得很好，你的話因為合乎自然的道理，也會被大家接受……那就好了呀！如果你還想更好，就很自然地來找老師，虛心地跟他請教，老師願意提點你一下，讓你有所收穫也好；就算老師不愛開口，你也可以在旁邊觀察他的言行，看看能不能學個一招半式；假如「言教」和「身教」都得不到，那也可以回家「自修」——我們也沒聽過孔子或老子有拜過什麼老師呀！

之前講過了，這裡再複習一下：就是很自然地，跟大自然學習自然之道，這樣就可以了——不信你去把老子或莊子從地下挖起來，我保證他也會跟你這樣講。

經典不過是豆渣

下一個故事講的就不是修道人，而是國王和工匠：齊桓公有一次在屋裡讀書，有一個叫輪扁的人（製作車輪的木匠，名字叫做扁，就好像前一篇那個做大盜的，名字叫做跖）在屋外做車輪。

輪扁做累了，就放下錐子和鑿子，問桓公說：「請問你讀的是什麼書呢？」

桓公回答：「我讀的是聖人的經典啊！」

輪扁說：「那請問作書的人還在嗎？」

桓公說：「當然是早就死了，不然怎麼會叫經典呢？（Again，這一句我加的）」

輪扁嘆了一口氣：「那你讀的書，只不過是古人的糟粕（酒糟、米糟、豆糟中的渣滓，比喻粗劣無用的東西，或者就直接說是豆渣好了）罷了！」

這下可把桓公惹火了！平常憂勞國事、日理萬機，難得找時間讀一點聖人的經典，卻被說成是豆渣：「你說什麼？你給我講個道理來聽。如果你胡說八道，我就把你給砍了！」

輪扁也是沒有在「怕」的，他不慌不忙地說：「你先不要生氣（免得高血壓發作），你聽我說，我是做車輪的人，我就用做車輪來比喻：做車輪的時候，刀子如果下得快，就省力氣，但是做出來的車輪會不夠圓；如果刀子下得慢，就很費力氣，但是車輪會削得比較圓。所以做車輪最好的技術就是：下刀的時候不快不慢、得心應手。但是這個不快不慢、得心應手的功夫，我卻沒辦法傳給我的兒子，一定要自己親手做、親手體會才達得到，所以我已經七十歲了，還自己在做車輪。從這樣看來，連做車輪這麼簡單的事都傳不下來，那古代聖人所得到的那些大道，又怎麼可能傳得下來呢？所以你讀的那些書，只不過就是古代人的豆渣而已呀！」[3]

被他這樣一講，莊子好像變成了「知識無用論」者，其實更值得我們思考的是：做木工的可以把方圓規矩、工具的使用方法教給學徒，但是沒有辦法把他身上多年累積的技術也直接傳給學徒。跟葉問一樣厲害的師父，可以把他詠春拳的每一招每一式都傳給你，但就算你已經練得滾瓜爛熟了，難道就能跟師父一樣厲害嗎？應該是「一根腳毛」（臺語）也比不上吧！

所以讀書，也不只是要讀那些文字、要知道那些內容、要統統給他背下來……最重要的，是要體會那些文字的涵義，觸類旁通，而且實際運用到生活裡、人群中，經過大量知識的積累，並且增廣自己的見聞，再加上人生的歷練，才可以多多少少感覺到自己「好像懂了一些什麼」。

如果只會死讀書、「講光抄」加上「背多分」，那不管讀了再多聖賢之道，一來既沒有真的體會，二來也不曾加以實踐，所以讀再多也是白讀，就好像吃豆子沒有得到其中的營養，只是嚼了滿嘴的豆渣而已。

莊子其實沒有在跟聖賢過不去，也不是看不起講仁義的經典，只是在強調光是

「讀」是不夠的，必須去「做」、而且還能「悟」才有用。

為了適應讀者諸君的水準（不是啦！其實是我的水準有限，只能舉這樣的例子），我們就拿這個最簡單的例子來說：請問你看了一百本各種食譜，而且記得滾瓜爛熟、如數家珍，但是你從來沒有親自下廚做菜，那你有可能成為一個名廚嗎？別傻了！你一定得是一邊看食譜、一邊自己實驗、還一邊請教別人，最主要還要看吃的人對這些菜色的反應，然後不斷地調整、修正，在這漫長地尋找美味的過程中，才能慢慢體會到烹飪的真髓，到後來你也不需要看什麼食譜，也不需要在意食客的反應，得心應手就可以做出一手好菜來了——以做菜來說，這樣就算是已經「得道」了。

而「一理通，萬理通」（這一句會不會太眼熟了？）人生其他的方方面面，也都是這樣的。所以不是讀書沒有用，而是只讀書、硬讀書、死讀書都沒有用。像你現在看到這裡，如果覺得實在不知所云、不解其意、不能得到個中真髓（老實說，我也不知道有沒有），那就千萬不要勉強，把這本書好好收起來，過個幾年，心血來潮的時候再拿出來讀一讀，說不定你就讀懂了、想通了，這也表示你的人生，已經「進化」到一個新的階段了，恭喜恭喜。

延伸話題　自然的賊

賊有很多個意思：當作名詞的話，指的就是偷東西的人，例如「盜賊」，或者是做壞事的人，例如「亂臣賊子」。

如果是當作形容詞，那就是奸詐狡猾，例如「賊頭賊腦」。

但是我們在這裡是當作動詞，那麼意思就是毀壞，例如孔子說：「鄉愿，德之賊者。」我們一般人都是黑白分明，好的事就說好，壞的事就說壞；但是有一種人，好的事他說好，壞的事他也說好，總之就是不要得罪人（你的同事或者同學一定有這種咖吧？），這種人我們就把他叫做鄉愿，而孔子認為這種人就是「毀壞道德」的人。

因為如果我們對什麼事情都不「表態」，那麼就等於沒有了是非黑白，沒有了正邪對錯，那這個社會不就等於沒有了道德標準嗎？所以孔子認為這種自以為明哲保身的人，就算自己不做壞事，其實也是「敗德」的人。

這樣的比喻不知道是否妥當：就好像那些不去投票的人，他覺得候選人好不好都沒關係，誰來做什麼位子也沒關係，所以不去投票。但是最後其他人去投票選出來的，不管是行政首長或是民意代表，其實都會對我們的生活有很大的影響。如果有去投票，可以為選對了人而慶幸，也可以為選錯人而破口大罵；但如果沒去投票，等於是直接「棄權」，那麼對所有的公共事務，即使再不滿意，也沒有任何講話的權力了——那就成了一個政治上的「鄉愿」，一個不願意做出判斷和選擇，卻在心裡暗自不滿的人，被孔子說成是「毀壞道德」的人，也只是剛好而已。

第三章

自然是你最好的老師

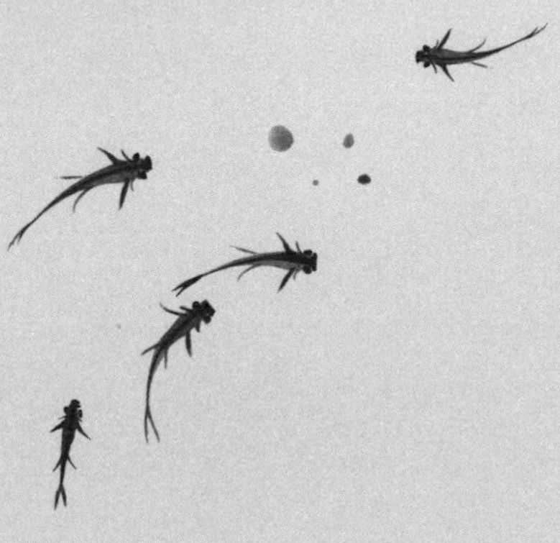

所謂自由，其實就是「自然而然」

牛完全沒有痛苦，牠身上的骨肉掉下來，就好像泥土從牠身上掉下來一樣，最後牛根本不知道自己已經死了。

《莊子》的第三篇是〈養生主〉，聽起來和現在流行的「養生」有沒有關係呢？答案是：可以說有關係，也可以說沒關係——咦？這就是最典型的莊子說法嗎？如果是惠施在場，一定又要跟他大便，哦不，大辯一番了。

愛他請不要限制他的自由

這一篇裡提到：山林裡的野雞往往走十步才找到一條蟲，走百步才找到一口水，求生相當困難，但是牠仍然不希望被關在籠子裡。因為關在籠子裡雖然不愁吃喝，羽毛光亮，可是在精神上終究不如身處野外來得自由。[1]

也許你會說：我家裡也養了鸚哥、文鳥甚至金絲雀，牠們都很安心地在籠子裡生活，看起來並沒有不快樂啊！

那是因為好幾代以來，牠們已經被人類「馴養」了，就像你家裡養的寵物小狗，對主人非常地依戀，甚至還會有「分離焦慮症」。你當然可以認為牠非常地愛你，但你也要知道如果把牠放到野外去當「流浪狗」，基本上牠是活不了幾天的。

可是如果你去抓一隻野外的麻雀，把牠關在籠子裡，牠一定不吃不喝，不斷地撲打柵欄，在裡面左碰右撞，除非有人把牠放出去，否則牠會一直掙扎到死為止，真的是「不自由，毋寧死」的最典型代表。

就像動物園裡，動物們都有得吃有得喝，卻有很多都得了「精神病」：獸類不斷焦躁地走來走去，鳥類甚至拔光自己的羽毛……這都是牠們對身體被拘禁、精神不自由的抗拒。

那就更不用說人類了！我們所發明的刑罰，除了很有爭議的「奪取生命」之外，主要的就是「剝奪自由」，也可見得自由是人僅次於生命、最看重的一件事。古今中外的歷史上，更有多少人為了爭取自由「拋頭顱、灑熱血」、不惜犧牲自己的生命，更說明了自由的重要及可貴。

然而自由的形態是什麼呢？那就是「自然」。也就是你原本是什麼樣子的，就繼續維持是什麼樣子，沒有人來限制你、強迫你、改變你。或許你可以待在籠子裡，但那是你自己願意；而你任何時候想展翅高飛，也都不會受到任何阻擋——行為自然、心中自在，就是自由。

接受自然的安排

莊子還說到：公文軒起初看見右師（人名）只有一隻腳，心中非常吃驚，後來仔細想了想，終於明白了，他說：「右師雖然只有一隻腳，但既然是天生的，不是人把它砍掉的，那這樣也算是合乎自然啊！」[2]

我們都看過一些天生沒有手的人，卻可以熟練地用腳刷牙、穿衣、吃東西……好像他本來就不需要雙手似的。甚至還有連雙手雙腳都沒有的人，也就是所謂的「五體不滿足」，他不但可以活得很好，甚至比許多手腳健全的人還要成功……最主要的原因，就是他接受了「自然」的安排，心中能夠「自在」，所以還是可以「自由」地生活著。

而且重點是在於「精神」層次上的：日本的漢文把身障者叫做「身體不自由者」，但這並不能限制他們在精神上的自由、在行為上的自由，我常在捷運站看見一些乘坐輪椅的人，活動自如、進出順暢，似乎沒有感到一點點不方便，老實說，心裡還滿羨慕他們的，心想有一天我如果老到不能走了，或許也可以像他們這樣來去自由，那還有什麼好擔心的呢？

就像前一陣子，在桃園拉拉山巨木步道，也遇見一群坐輪椅的朋友。你大概很難想像都已經沒辦法走路的人，卻要去走山裡面的步道吧？可是他們都很流利地操控自己的輪椅，不但在崎嶇的山路上順利前進，遇見我時大家也很輕易地轉身列隊、和我合照，而且每個人都嘻嘻哈哈，看起來非常開心……如果你要說這些人「不自由」，相信是沒有人會同意的！

我殺牛用的不是技術，而是道

從「自由」到「自然」，接下來就要引申到莊子另一段有名的寓言「庖丁解牛」了。

庖丁幫文惠君解剖一頭牛，他手腳肩膝的動作和刀子出入筋骨縫隙的聲音，無不完美的結合，簡直就像是古代的一場舞蹈一樣，當庖丁解剖完了以後，那隻牛甚至不知道自己已經死了。

有沒有這麼「誇張」？但莊子講這個故事是別有用意的。

庖丁解牛完畢，文惠君大為嘆服，說：「沒想到你的技術已入化境。」[3]「已入化境」是我們常用的形容詞，對於那些神乎其技、不可思議，卻又好像信手拈來就做到的各種藝術家、表演者（例如太陽馬戲團），我們都會不由自主地這樣稱讚。

但是庖丁放下刀子，慢慢地說：「我殺牛用的不是技術，而是道。」文惠君沒想到這個屠夫這麼自誇，嚇了一大跳，張口結舌地繼續聽他說：「我最初解剖牛的時候，眼裡看見的就是一條牛；但是三年之後，我解剖的牛多了，眼裡看見的就不再是一條牛，而是牛身上筋骨脈絡的結構；從此以後，我解剖牛就是用心領神會，可以不用眼睛看了。」[4]

不知道你有沒有看過蒙著眼睛射飛刀的表演？飛刀手已經太熟悉靶的位置、綁在上面的美女手腳的位置（為什麼一定是綁女生？這個我們有機會一定要探討一下），所以在觀眾的緊張注視下，他可以放心地射出一把把飛刀，那位「賣命」的美女也不用擔心會真的送命……用這個例子來對照，或許比較能理解庖丁可以閉著眼睛殺牛的原理。

文惠君已經聽得入迷了，庖丁繼續說：「普通的廚子，一個月要換一把刀，因為他又是砍又是割，刀子很容易損壞。好的廚子，一年才換一把刀，因為他只割而不砍。我的刀用了十九年，還像剛剛磨過一樣的鋒利，那是因為我不割也不砍，我的刀鋒只在牛的筋骨縫隙間遊走、任意活動，所以我解剖牛的時候，牛完全沒有痛苦，牠身上的骨肉掉下來，就好像泥土從牠身上掉下來一樣，最後牛根本不知道自己已經死了。」

講完這神乎奇技的一段，他還要來一個很帥的Ending：「這時候我就把刀子擦乾淨，好好地收藏起來。」[5]

這當然又是一個「神話」！哪有人殺牛、可以殺到牛不知道自己死掉？但是別忘了莊子編出來的這些「神話」，都是為了要「跟人講話」：他就是要告訴我們，牛的身體結構，就好像這個世界的錯綜複雜，不懂道理的人到處橫衝直撞，就好像不會殺牛的人硬砍硬割，都只是白費力氣而已。

所以我們要了解這個世界，許多事情都跟牛的身體一樣，是有很多「空縫」（臺語）的，如果從這些地方鑽過去，就會比埋頭硬闖更能達到目的地。

甚至當你透徹了解這個世界，做人處世非常的圓融、練達之後，就會像庖丁一樣，根本看不到前面的阻礙，感受不到任何困難，很自然地從最輕而易舉的地方，順風順水地就完成了目標。

所以庖丁不但有高ＩＱ，充分了解熟悉牛的身體構造；而且有高ＥＱ，能找到最容易「進入、通過、解除」牛身體的方式——如果你把這幾句話的「牛」換成世界、或者社會，應該就可以了解人要怎麼樣才能「目無全牛」、才能「遊刃有餘」、才能「無入而不自得」了。

你不覺得社會上有些「大人」做事，就是做得比別人漂亮嗎？或許他不一定聽過「庖丁解牛」的典故，但是他經過多少年的社會歷練（庖丁也殺了十九年的牛），應該已經深通此理了，而「一理通，萬理通」，大概也沒有什麼事真能難得倒他，臺語不是也有一句「一切代誌（事情），自然就好」嗎？

但是對於文惠君來說，他既然已經是一個國王，應該沒有什麼會阻礙他的事，所以他聽完「庖丁解牛」的故事，是覺得學到了最好的養生之道。

當然養生也是這樣：了解全貌、不要勉強、順其自然、始終如一……這樣的道理，可以用在做人，也可以用在養生。

所以我前面才說：〈養生主〉這一篇，可以說跟養生有關係，也可以說沒有關係，端看你從哪一個角度去思考而已——莊子他老人家在上，我可不敢亂說！

對了，日文「菜刀」的漢字就是寫成「庖丁」，顯然是從莊子來的，怎麼樣？很有文化吧？

延伸話題　**馴養**

所謂馴養，簡單說就是把野獸變成家畜。例如狗和狼本來是同一個祖先（就像人和猴子是同一個祖先一樣），但是在好幾萬年前，狗因為經常接近人住的地方，可以吃到一些人吃剩下的殘骸（也就是廚餘啦！），所以越來越靠近人類；人類發現為狗供應食物，可以讓狗被人所用，例如訓練牠們打獵、牧羊、看家……久而久之，狗就不再去野外求生，而變成人所「馴養」的家畜，和牠表兄弟狼的「發展」，也就走上完全不同的兩條路了。

至於《小王子》裡面的馴養，則是精神上的、浪漫一點的，是狐狸跟想和他做朋友的小王子說：「你不能就這樣跟我在一起，你要一點一點地接近我，你要在每天固定的時間才見我，你要在平常經常地想念我……這樣日復一日，有一天我很自然地想要親近你，你不在的時候會讓我思念，甚至我看到風吹過金黃色的小麥，就會想到你的頭髮……這時候你才算是『馴養』了我。」

阿請翻譯《小王子》的吳淡如不要罵我，畢竟我的英文不好，我只是個曾經的國文老師好嗎？

「自然」自然就是你最好的老師

這些方外的人接受自然的變化，所以他們對於死去的朋友，是不會悲傷的。

我們在講「自然」這個詞的時候，有時候指的是天地萬物的大自然，有時候卻是形容詞，例如「表現得很自然」、「自然而然」，為什麼會這樣呢？會不會是因為符合「自然」（名詞）的，就會是很「自然」（形容詞）的呢？

莊子認為自然是一個大力士，它有無窮的力量在不斷運轉。

大自然給我們形體，用生活來讓我們勞動，用歲月來讓我們年老、安逸，用死亡來讓我們永遠休息。

所以，如果我們因為生（獲得生命的形體）而高興的話，也必須因為死（失去生命的形體）而高興——如果實在高興不起來，也要坦然接受。

自然是不停在變化的，凡是只為生而喜悅，卻因死而厭惡的人，就是想不通自然的道理。這種人就好像把一艘船藏在深山裡、把一輛車藏在海島上，自以為非常保險，絕對不會弄丟。但是半夜裡來了一個巨人，把整座山都背走了，而那個人還在呼呼大睡，不知道自己的船早就丟了！

把生死交付給自然，把天下藏在天下[1]（阿就是不要藏的意思，該怎樣就怎樣），這個就是莊子的〈大宗師〉裡面所要講的，我們要師法的大宗師當然不是葉問（不好笑嗎？我也覺得）而是大自然。

大自然裡沒有熱心助人

子桑戶、孟子反、子琴張三個人是好朋友，有一天他們在一起說：「什麼人能夠相愛而忘記了相愛？什麼人能夠互助而忘記了互助？這就好像自然界的一切，彼此互相關聯，卻是出於無心的。」

這段話看起來有點玄，作為國家公園生態講師的我忍不住要出來解釋一下：大自然裡的一切都是自然發生和運作的，例如蜂蝶幫花傳粉，並不是刻意要讓植物繁衍後代，只是想要吃花蜜而已，但是無形中就幫助了植物；又例如烏秋鳥常常站在牛背上，也不是牠好心要幫牛「除蟲」，只是剛好牛身上有可以提供給牠的食物，而且不會趕牠走而已。

換句話說：大自然中的互助互利，都是自然發生的，沒有誰是存著「好人好事」「助人為快樂之本」這樣的念頭在做的。而人既然是群居的動物，那麼人與人之間，本來就應該存著互惠互利、共存共榮的想法，不必刻意強調自己多有愛心、或者多麼熱心助人。

就像《聖經》裡說的（哇！跳到耶穌這裡來了，希望莊老人家不要介意）：「左手做的事，不要讓右手知道」，或者是我們常說的「為善不欲人知」，說的或許只是個人的修養，但在莊子看來，相愛、相助本來就是發乎自然的事，根本不需要特別強調。

甚至他們三個人還更進一步說：「最後連生死都忘掉了，可以同遊於無窮的宇宙。」然後相對微笑。[2]

別忘了，這個宇宙可不只限於無窮遼闊的浩瀚星空，也包括古往今來的綿長時間，也就是說不管在空間或時間上，都是無邊無際的。受過科學思想教育的我們，在今天多少可以理解這個概念；但大多數人還在蒙昧時期的莊子，竟然就已經提出這樣的想法，難道你不會懷疑莊子其實是從外星來的嗎？

死亡也是一種順應自然

好，我歪樓了，繼續講故事：過了不久，子桑戶死了，正要下葬，孔子就派子貢去弔唁。到了現場，卻看見孟子反和子琴張，一個在編織養蠶的工具，一個在彈琴，兩個人還來了個「二重唱」，內容是：「子桑戶呀子桑戶，你已經返樸歸真了，我們兩個卻還是人的樣子耶！」

子貢忍不住問說：「阿你們竟然對著屍體唱歌，這樣子符合禮儀嗎？」

兩個人相視而笑，反嗆子貢說：「你哪裡知道什麼叫做禮呀？」

子貢碰了一鼻子灰，氣噗噗地回來報告孔子（好啦，我說的有比較誇張）：「那些人到底是什麼來路？竟然完全不管禮教的規定，還對著死去的朋友唱歌，一點都不悲傷，也沒有覺得慚愧，哪會按呢（臺語）？」

孔子說：「他們是『方外』的人，和我們這些方內的人不一樣。他們超越了世俗，我們還在世俗裡面。他們和造化做朋友，我們是和一般人做朋友。」

這裡提到的「方外之人」，之後就不斷地在歷史上出現、普遍被大眾所使用，基本上講的就是不受世俗禮儀規範，另外有一套行事基準的人。這其實應該也就是莊子的理想、道家的主流——當然，相對於儒家的重視禮儀教化（還記得漢朝董仲舒的「罷黜百家、獨尊儒術」嗎？），「莊子們」這種可以說是「驚世駭俗」的作風，當然就只能成為社會的非主流了。

孔子接著說：「這些方外的人接受自然的變化，所以他們對於死去的朋友，是不會悲傷的。而我們受到人文禮教的束縛，覺得親友的死亡就像是一種罪過和處罰，難怪要被他們嘲笑啊！」[3]

對啊！在大自然中本來就自然會發生，而且不斷在發生的事（例如死亡），我們既然知道這是事實，而且絕不可能改變，那為什麼不「順應自然」，用自然的態度接受它；反而要哭哭啼啼，還搞一堆弔唁、送葬、緬懷……種種「不自然」的繁文縟節，難道只為了表示我們「不接受」嗎？但是你明明就不可能不接受死亡，就像你不可能不接受大自然的一切一樣——這一點連大聖人孔子都想不通，更不要說是他的學生了。

子貢也曾經問孔子：「老師那你為什麼要在『方內』受限制、被禮教所束縛，好像一個受刑的犯人一樣呢？為什麼你不去『方外』逛一逛呢？」

不只子貢有意見，顏回也提出疑問（我們在講莊子，卻一直提到孔子師生的事，你覺得莊子是不是在「借他人酒杯，澆自己塊壘」？）：「從前我聽老師說，辦理喪事的時候，心裡要真正的悲哀，才算合乎禮儀。但是這個孟孫才在辦理喪事，只是表面上哭一哭而已，心裡一點也不悲傷。這樣的人，在魯國怎麼會以善於處理喪事而聞名呢？請問這是什麼道理呀？」

孔子回答說：「這個孟孫先生可以說是明白大道理的人了。他的做法，比起一般世俗處理喪事的人，確實要高明多了。世人都以自己感情的好惡，損害了自然的真誠樸實。就像死亡，雖然是形體上很嚇人的巨大變化，但是孟孫先生心裡很清楚：**死亡只不過是人的精神搬了家、換了一個新的住宅而已**（記得嗎？前面有一篇也有提到類似的話，重點加強）。所以他辦喪事的時候，人家哭，他也跟著哭，只是順應世俗而已，對於他的『真我』並沒有什麼影響。像他這樣子，能夠同時順應社會和自然的變化，可以說是達到了很清高純真的境界。」[4]

看到了嗎？莊子也不是那麼一意孤行的，要大家都來做「方外之人」，既然人是群居的動物，除非你躲到孤島或是深山（像我以前一樣，嘻嘻），否則總是要適應一些基本的法律、規則和道德。對於「行有餘力」的人來說，這些世俗的東西也不難應付，倒是如何保持自己的心裡空明清純，和大自然的變化合而為一，應該才是每一個「自然人」（順便置入：自然人定義，請參考《苦苓的森林祕語》一書）真心嚮往的境界吧！

延伸話題 **守喪**

就算孔子真的理解「莊子們」的想法，卻也堅持自己的主張：他不但認為人對死亡應該感到悲傷，尤其是對生養自己的父母，那更應該「悲痛逾恆」，什麼事都無心去做，所以主張父母死後，子女應該無條件「守喪三年」，才足以報答親恩如海。

整整三年就只是守著父母的墳墓，什麼事也不做，這樣會不會有點「太過」呀？有點「形式化」呀？有點「浪費時間」呀？就連孔子的得意門生子路也不以為然，孔子問說不這樣做你會安心嗎？結果子路直接回答「會啊！」，孔子氣得吹鬍子瞪眼睛：「你會安心那你就不要守喪好了！」只差沒有開口罵子路「你這個沒良心的小賊」。

不過前面說過了，春秋戰國的九流十家，後來只剩下儒家獨大，連科舉考試都只讀他們的書，孔子顯然是最後的「勝利者」：千百年來，當官的人只要父母死了，不管身負重任或是大敵當前，都要馬上「丁憂」，回家守喪三年，連皇上也不敢「慰留」他；而且只要有人膽敢不照做，馬上會被御史（就像現在的監察委員啦！）彈劾，說他「貪戀官位」「大大不孝」，絕對沒有好果子吃——如果你問莊子，他應該會大大搖頭，覺得這些人實在是「太不自然」了！

只要活著，有些事就不能不接受

現在我從造化得到了人的形體，如果我堅持對造化說：『我永遠要是人形！我永遠要是人形！』那麼造化一定也會對我Say No吧！

人除了必須欣然接受「死亡」這件完全符合自然的事之外，還有什麼是非接受不可的呢？

子祀、子輿、子犁和子來四個人，有一次聚在一起，大家說道：「誰能夠把虛無當作頭骨、把生當作脊椎、把死當作尾椎骨呢？誰知道生、死、存、亡是同為一體的呢？如果有這樣的人，那我就和他做朋友。」[1]

這四位如果不是莊子的學生，最起碼也是他的粉絲，竟然能夠把人一輩子的從生到死，看成人的身體從頭到尾（尾椎骨，因為人的尾巴在站立起來的演化過程時，已經退化掉了）一樣：既然我們從頭到尾接受了自己的身體，當然也就要接受自己的生命從有到無……如果在今天，他們可能會開一個粉絲團，必須要想得通這個道理的人才能參加，總之就是臭（音同嗅，意為味，跟香臭沒有關係）味相投的朋友就對了。

造化要你是什麼、你就是什麼

後來不久，子輿忽然得了佝僂症，身體彎曲得好像一個駝背的人。子祀前去探視他，一看到他就說：「好厲害呀！造化把你弄成這副樣子！」子輿竟然也毫不在乎，他走到水井旁邊照照自己的影子，也說：「真的很厲害！造化竟然把我弄成這副樣子。」

子祀問他說：「阿你會討厭自己這個樣子嗎？」

子輿回答：「怎麼會？假如造化把我的左臂變成雞，我就叫這隻雞幫我報曉；假如造化把我的右臂變成彈丸，我就用它來打鳥、烤小鳥來吃；假如造化把我的尾椎骨變成車輪、把我的精神變成馬，那我就乘坐著這輛馬車前進，再也不需要其他的交通工具了。」[2]

你一定會覺得這個傢伙在說大話吧？可是如果你聽過「鋼鐵教授」王致遠的故事，或許你就會改口、甚至肅然起敬了。

王致遠得了怪病，四肢都被截肢，簡直成了「怪物」（他自己說的），整個人生跌入地獄。換了你我任何人遭此劇變，可能連活下去的勇氣都沒有了吧？

他卻忍受了漫長無邊的、身體與心靈雙重的痛苦，不但雙腿裝上了義肢，經過反覆練習，已經可以自由行走；而且還接受了臺灣首例的雙手異體移植，經過漫長的辛苦復健，也已經可以行動自如，最後又回到中山大學，繼續擔任原來助理教授的職位。

除了不可思議，沒有別的話可以形容，人的生命力就是可以強韌到這種地步呀！造化弄人，但就是有人可以坦然接受，而且進一步創造命運。王致遠是謙虛的人，但如果他說了類似子輿的這些「大話」，我們也只有頻頻點頭贊歎而已。

好，讓我們繼續看下去（如果你覺得這句話很耳熟，那就洩露你的年齡了）：

過了不久，子來也生病了，呼吸急促，眼看著就快要死了，他的妻子抱著他痛哭。子犁前去問候，對子來的妻子說：「你走開！不要驚動他的變化。」說完就靠著門邊，對子來說：「好厲害的造化，不知道要把你變做什麼，是要把你變成老鼠的肝呢？還是蟲子的翅膀呢？」

看到這裡，我們不得不停下來，為子來的妻子抱不平：老公快死了我當然會哭（不然還在旁邊偷笑嗎？那夫妻的感情也未免太差了），你這個來探望的朋友不但不准我哭，還把我趕走，又在旁邊說風涼話，說我老公不知道會變成什麼怪物，簡直是豈有此理！

可是這個快要死了的子來，並沒有幫自己的妻子說話，反而說：「人都是自然所生的啊！所以，自然叫我們去哪裡，我們就只能乖乖去哪裡。大自然給我形體，活著的時候，要我勤勞；年老的時候，讓我安逸；死了的時候，我就可以休息……（咦？有沒有覺得有一點眼熟？可見得莊子也是「吾道一以貫之」的）所以，既然我認為生是好的，那死也一樣是好的呀！」

看來這個子來一時半刻還死不了，他又繼續說：「例如鐵匠在打鐵的時候，他要把鐵打成什麼、就是什麼，如果這塊鐵不肯順從，自己從火裡面跳起來說：『我要變成寶劍！我要變成寶劍！』那麼鐵匠一定會覺得很不爽吧！現在我從造化得到了人的形體，如果我堅持對造化說：『我永遠要是人形！我永遠要是人形！』那麼造化一定也會對我Say No吧！可見得，天地是一個大爐子，造化是一個打鐵匠，我死了以後，就把形體還給他們了，變成什麼東西又有什麼關係呢？」[3]

做自己擅長又喜歡的事

子來說這是他在夢中得到的「大覺悟」，不曉得大家有沒有看到「一頭霧」，其實從第一篇〈逍遙遊〉起我們就說了：不要被莊子編的那些天花亂墜的神話給迷惑了，而是要關注這些神話裡所要傳達的精神和道理。

什麼手臂會變成雞或是彈丸，什麼人自己變成一輛馬車，其實是在說明：我們人的一切就是大自然、也就是天地造化所給的，我們的形體、精神、健康、智能都是「天賦」（英文叫做Gift，也就是上天所給的禮物），所以不管我們天生得到了什麼，都應該高高興興——呃，這有點困難，因為我們可能天生殘缺、生病、不聰明，那很難高高興興，那就說心安理得好了——心安理得地接受它，然後想辦法發揮自己的天賦。

我讀小學的時候，身體衰弱、個性害羞，朝會的時候常常昏倒，連體育課也不能上，當然更沒辦法和同學玩在一起……因此大部分時候，我都一個人靜靜地看書，看很多書，而且什麼書都看。

到了中學時代，我發現自己的語文能力好像很強：作文經常得到好評和高分，演講和辯論（雖然還是不善於和別人交談，但是自說自話很厲害）也屢屢獲得佳績，另外，多少也交了一兩個朋友。

考大學時，我沒有選擇自己其實考得上的法律或國貿這些「有前途」的系，反而一心一意要讀「最多只能到中學教書」的中文系，在那個景氣欣欣向榮、人人前程似錦的時代，我這樣做簡直是「自毀前途」，但是沒辦法啊，因為我會的只有這個。

後來我從中學教師，漸漸變成了專業作家，出版的書很暢銷，也得了幾個文學獎；又陸續當了廣播和電視主持人，還不斷到全臺各地去演講，直到「出事」以前，都很受到歡迎。

到現在大家也重新接納了我，我繼續寫書，偶爾也上上節目，每天還可以在臉書上跟許多人分享、交流我的文章，發揮小小的影響力……回頭一看，原來這一輩子，我一直都只在做一件事，而且是自己原本就擅長又喜歡的事；講的誇大一點，我只不過是「順天應人」而已。

這麼說來：不管你的人生拿到的是一手好牌還是一手爛牌，都要盡心盡力地把它打下去，為什麼？因為你只有這一局可以打。

我這樣講好像很有哲理吼？那麼這一局的牌打完了，你也就Game Over了，沒有什麼好留戀的；至於再下來，沒有形體了的你會去什麼地方、會變成什麼樣子，都不是你能左右、也完全不需要關心的。

子犁說子來不知道會變成老鼠的肝、還是蟲的翅膀，聽起來好像很荒謬，但正說明了真正的「生命」其實是永恆不滅的，會消滅的只是形體而已，而這個形體原本所存在的精神、能量並沒有因此就跟著消失，這不也就剛巧符合了「質量不滅定律」嗎？大自然裡其實也充滿了這樣的例子。

看來我上次懷疑莊子是外星人，好像不太正確，莊子應該是從二十一世紀「穿越時空」回到古代去的！

最後一段的「打鐵說」其實是在為莊子的「自然論」做一個小結：上天（也可以叫

做大自然、造化、上帝、老天爺……Whatever）要把一個人生成什麼樣子、又要他什麼時候死，一切都有定數，其實是沒有必要負隅頑抗的。欣然接受自己終將死亡、一切終歸於零的命運，而能在有生之年好好發揮自己的天賦、做成一個最好的自己，這不就是生命最大的意義嗎？

得道就像水裡的魚

就如同我們在前一篇所講的（希望你的記憶力比蜜蜂強，還沒忘記），這就是一般「方內」的人（如果問莊子，他一定會認為就是想不開的人）和「方外」的人不一樣的地方：後者因為接受造化、自然天成，對於社會所定的那些繁文縟節，當然是不看在眼裡，也就不會在意什麼榮辱毀譽，日子過得應該是自在多了。

子貢也曾經問過孔子：「那要怎麼才能過方外的人生呢？」

孔子說：「魚的生活，要有水才會舒服；人的生活，要得道才會舒適。有水就舒服的，只要池塘的水滿了，就可以如願了；得道才舒適的，只要懂得了自然之道，安定自己的性情（簡單說，如果可以簡單說的話，就是順其自然、不要東想西想），那也就可以了。魚在江湖，只要水滿了，就可以自由自在；人在江湖，身不由己——等一下！臺詞錯了！容我換一下腳本——人在自然，只要得了道，快樂自足，就可以忘了道的存在。」[4]

這些話有沒有讓你聯想到老子的「道可道，非常道」呢？難怪老、莊會被歸為一家（不過他們兩個人未必會同意，莊子會覺得老子太心機，老子也會覺得莊子太散漫，這個我們以後「開庭再審」），也就是世事固然都有道理，但與其講理、不如悟道，就像莊子講了那麼多神話、編了那麼多人物、說了那麼多理論，其實都在引導我們體會他的自然之道。如果你自己覺得已經懂得這個「道」了，也就不必一天到晚記住莊子裡面的內容，你可以把這些「道」都給忘記——因為這時候你的思想言行，都已經自然而然地就會符合這個「道」了。

舉一個淺顯的例子：你學騎腳踏車的時候，老是跌跌撞撞、無法平衡，但是有一天不知怎的，你忽然就會騎了！而且你這輩子都會騎了，即使很長很長的時間不騎，一看到腳踏車你還是自然而然地就會騎，也不需要記住任何騎車的技巧和規範——如果把

「騎腳踏車」當作「悟道」，這就是為什麼你「得道」之後，就可以把它忘記的原因，因為「道」已經在你身上了。

延伸話題

質量不滅定律

我們在野外可以看到很多的菌類（包括各種的菇，還有木耳、靈芝等等），它們通常會生長在快要腐爛的木頭上，那其實就是這棵樹已經快要「死」了，它自己的能量正在消逝之中，但這些能量要到哪裡去呢？於是就長出了一朵又一朵的「阿菇」來。

大家知道這些菇都是很有養分的，但是它們並不像一般植物，靠葉綠素行使光合作用來得到養分，它們養分的來源其實就是「屍體」，或許說「死亡」更正確一些。

所以枯倒的、腐爛的木頭通常會長出菇來，而如果是長在地上的菇，那我跟你打賭：它所長的地底下，之前一定有小動物或昆蟲的屍體，就是那個「死者」失去的養分轉化到這些菇的身上，才得以孕育了一個又一個的新生命。

那麼如果動物跟植物的死亡，其實造成了菌類的新生（也有學者認為：菌類不是動物也不是植物，應該屬於另外一種生物），那麼人類的死亡，原本在人身上的精神、靈魂、或者能量，又到哪裡去了呢？

真是「大哉問」呀！答案呢？「我哪會知」？只有把那個《莊子》給他繼續讀下去囉！

最難過的還是「死亡」這一關

如果我還像一般人一樣大哭大鬧，那我就是沒有通達自然的命理。所以我不但不哭，還要敲著瓦盆唱歌。

死亡是人生最大的課題，幾乎沒有人不害怕死亡。因為死亡代表著失去現有的一切，除非你過得非常痛苦、「生不如死」，否則絕對不會想要輕易地就失去生命、失去所擁有的、失去你所熟悉的這個世界。畢竟活著，總還有一線希望；如果死了，就什麼都沒有了，所以俗話說「好死不如賴活」，這反映了絕大多數人「貪生怕死」的心理。

更重要的是：不知道死了之後會怎麼樣？對於未知，人類總是充滿恐懼的。如果有人告訴我們死後確定是如何如何，或許有人會不介意換一個「環境」，可惜從來沒有人在死了以後能夠回來告訴大家：到底死後的世界是怎樣怎樣的——因為不了解那個未知的世界，所以大家都害怕。

偏偏死亡又是沒有人逃得掉的：死神的腳步或早或晚，一定會走到你的面前。就算是傳說中的彭祖活了八百歲，到頭來還是不免一死。對這個人人都害怕，卻又人人都逃不了的「死亡」，我們該拿它怎麼辦才好呢？

其實所有的宗教，都是為了應運死亡這個問題而生的。不管是告訴你死後可以上天堂、可以復活、可以輪迴、或者還有靈魂存在……都是為了安慰活著的人，鼓勵大家不要害怕自己的死亡，也不要為了其他人的死亡而難過：死亡並不是一切的結束，反而是另一個新「階段」的開始。

這當然是有一點阿Q的：如同前面所說，沒有人能夠證明死後的世界究竟如何，所以這些說法都必須靠著你的「相信」而存在，而且因為沒有理性的驗證，更需要非常強烈而堅定的「相信」——於是這就成了「信仰」，而這也就是所有宗教都需要的。

在《新約聖經》裡，上帝甚至對人類做出了最大的「挑戰」：如果神的兒子讓瞎子復明、跛子走路都還不足以讓人們對祂信服，那就創造最大的奇蹟「死而復生」吧！如果信上帝的人死了之後都能復活，誰還會害怕死亡？

然而傳說中的彌賽亞一直沒有出現，耶路撒冷城外密密麻麻的墳墓，到現在也沒有一個死人從裡面爬出來復活，所以一切還是需要依賴堅定不移的「信仰」——而如果你對這些不以為然，當然就很可能指責那是「迷信」。

這個「信者恆信，不信者恆不信」的僵局要如何解決呢？如果先放下這些宗教不說，難道哲學思想就不能替人們找到一條出路嗎？

死亡像春夏秋冬一樣自然

莊子的妻子過世了，惠子前往問候，看見莊子正蹲在地上敲著瓦盆，一邊在唱著歌。（這個瓦盆不是亂敲的，它又叫做瓦缶，是一種樂器，史記裡面也記載秦王敲過瓦盆。）

惠子說：「你的妻子和你一起生活，為你生養照顧子女，現在她年老去世了，你最多不哭也就算了，怎麼還敲著瓦盆在唱歌，不會太過分嗎？」

惠子的反應和我們一般人應該差不多：為死去的人悲傷，尤其是和我們有親密關係的人，即使痛哭流涕也不為過，當然你也可以強忍悲傷不哭，但是敲鑼打鼓地唱歌，豈不是表示慶祝的意思？那不就表示你對死者毫無感情，甚至為他的死亡感到高興嗎？

莊子的回答是：「不是這樣的，你聽我慢慢說：我的妻子剛死的時候，我又怎麼可能完全沒有感受呢？但我後來想一想：人本來是沒有生命的，不但沒有生命，連形體都沒有；不但沒有形體，連氣都沒有。而在若有若無的自然變化中，不知怎麼地就有了氣，由於氣的變化而有了形體，因為形體的變化而有了生命。」

有沒有很厲害？有人說「生命有多長？不過是一口氣」，如果沒有氣、沒有呼吸，就無法維持身體的運作；身體無法自然運作，就沒有辦法維持生命……莊子的話即使用今天的醫學原理來看，也是說得通的，而生命「從無到有」的這個過程也不容我們否認，世界上本來沒有我這個人，後來就有了我這個人；如果有一天我這個人不在這個世界上了，不也是自然而然、「恢復原狀」而已嗎？

世界上所有的生命，都是從無到有，也都會從有到無，物種固然有可能繼續繁衍，而生命個體的本身終究要結束，這都是我們明確了解的事實。

但是為什麼到了人的身上，大家就不願意接受了呢？自古以來多少君王追求長生不老、多少道士煉丹企圖永生……而今安在哉？不想死、不願意接受死亡其實是一種「逆天」的行為。

莊子繼續說：「現在我的妻子順應這個變化去世了，那就像春夏秋冬一樣的自然。她既然已經安息在大自然的懷抱裡，如果我還像一般人一樣大哭大鬧，那我就是沒有通達自然的命理。所以我不但不哭，還要敲著瓦盆唱歌（表示我欣然接受這個結果）。」[1]

所謂「過猶不及」，莊子告訴我們既然死亡是自然的、注定的、不可避免的，那就沒有必要為此傷害自己的情緒，為死亡而悲傷難過更是沒有意義的。但莊子覺得：如果只是默默地接受這個事實，恐怕沒有辦法很明確地表達自己的想法，所以故意用敲瓦盆唱歌這種「驚世駭俗」的做法來點醒大家，這也是莊子一貫愛用的誇張手法。如果我們能夠體察他的用心，對此應該可以會心一笑。

死亡的快樂，就算是當國王也比不上

莊子的「死亡之旅」不只如此：他到楚國去的時候，半路上看見一具骷髏，他就拿起馬鞭敲了敲這個骷髏。

莊子問說：「這位先生，你是因為貪心而死的嗎？你是亡國的時候，被刀劍砍死的嗎？你是做了壞事，連累父母而自殺的嗎？你是凍死、餓死的嗎？還是說你的壽命已盡，自然地躺在這裡就死了呢？」

四周吹來一陣山風，骷髏沒有回答。

莊子看見天色已經暗下來了，就用那具骷髏做枕頭，躺在地上睡著了。

到了半夜，莊子夢見骷髏對他說：「聽你白天講的話，你好像是一個口才很好的人。但是你所說的那些話，都是活著的人的累贅，死了以後根本就沒有這些了。你想聽聽死人的話嗎？」

莊子迫不及待：「好啊，你說來我聽聽。」

骷髏說：「死了以後，沒有君臣父子，也沒有春夏秋冬，舒舒服服地和天地在一起，天地有多長久我就有多長久。這種快樂，就算是國王也比不上。」

莊子說：「我才不相信死後有那麼舒服！我要去找司命之神，叫他讓你復活。把你的父母妻子都還給你，把你送回你的老家，你要不要？」

骷髏聽了好擔心，大叫一聲「我不要！」然後就一溜煙地跑掉了。[2]

這當然又是莊子在編故事，但他要傳遞給我們的訊息是：人既然不免一死，那麼到底是怎麼死的一點也不重要，說什麼「慎終追遠、守喪三年」會被莊子當作笑話，說什麼「殺身成仁、捨身取義」莊子也覺得不以為然：阿死就死了，到底是怎麼死的有什麼關係？

至於死後的世界，就不用管什麼君臣父子、忠孝節義的事，因為這時候不會有人來評斷你了；而且也不用管春夏秋冬、歲月流轉，因為你既然已經死了，當然就不怕老，又何必去翻日曆呢？何況既然已經回到自然的懷抱、跟天地同在，那你的歲數就不是活著的七八十年，而是和天地一樣的長遠悠久……這一切確實是世間再大的富貴與權勢都達不到的，難怪連國王（莊子原文是說南面王，因為自古以來都是向著南方稱王的）都比不上。

如果從這個角度來看，那麼假如真的能夠死而復生，回頭去過從前活著的、充滿規矩和牽掛、憂慮和愁苦不斷的日子，確實好像是在「開倒車」，難怪連骷髏都會半夜逃走！

面對死亡，莊子的視野更加廣闊，他是用整個大自然循環不斷的原理來看這件事，所以生是自然、死也是自然，我們欣然接受生，當然也要欣然接受死（雖然比較困難一點），所謂「生亦何歡、死亦何懼？」並不是一種悲觀消極的人生態度，反而是開闊通達的生命認知。

當然我們不可以小看死亡，有些人輕率地就說出「我不怕死」這樣的話，其實是不曾面臨死亡真正的考驗。當死亡真正來臨的那一天，我們如果已經讀通了莊子、理解了自然，能夠情緒不受波動地、坦然地說：「來吧死亡！我已經準備好了。」那應該就是越過了人生最後一道關卡，可以說是「不枉此生」了。

至於莊子是不是光說大話，他自己對死亡的態度合不合格呢？我們跳到後面去看：莊子快死的時候，他的弟子們聚在一起，商量要厚葬他，結果莊子說：「不必了吧！我死了以後用天地做棺材，用日月做雙璧（陪葬的玉器），用萬物做牲禮，這不就是最完整的葬禮了嗎？還有什麼比這樣更好的？」

弟子們說：「不行啊，如果就這樣把你丟在野外，你不就會被老鷹和烏鴉吃掉了嗎？」

莊子說：「你們很好笑耶（當然，這一句是我加的）！丟在地上會被老鷹烏鴉吃掉，埋在土裡還不是會被螻蛄和螞蟻吃掉，敢有差（臺語，有差嗎）？你們把鳥類的食物搶去給昆蟲吃，這樣會不會太偏心了？」[3]

怎麼樣？夠帥吧？夠先進吧？像我們現在早就不執著土葬而可以接受火葬，甚至是器官或大體捐贈……這些算是「進步」的思想，歹勢，人家莊子在兩千多年前就已經有了。

延伸話題　莊子妻死

莊子的妻子死了，莊子非但不哭，還敲著瓦盆唱歌，當然也可能被人懷疑：他跟妻子的感情根本不好，所以巴不得對方早一點離開。

或許正是因為這樣的想法，後來的文人「自作多情」，編出了《蝴蝶夢》這樣的戲劇也就罷了，竟然還有《大劈棺》這個光看劇名就覺得超驚悚的平劇（又叫京劇）。

故事是說莊子跟自己的太太田氏（她是齊國貴族的女兒哦）感嘆說：有一名守寡的女子，因為根據當地風俗，夫婿的墳土如果還沒有乾，就不能改嫁，竟然就每天用扇子去搧墳墓，希望土早一點乾、可以早一點改嫁別人。

莊太太一聽這個話，很有試探她的意思，就趕快向莊子發誓，說自己對他的愛是永恆不渝的，但是莊子不置可否。

不久之後莊子病死了，他的妻子田氏竟然愛上了一位「高上大」的公子，而且這位公子生了病，必須吃人的腦髓才能治好，田氏為了他，不惜劈開莊子的棺材，想取出莊子的腦髓幫阿娜達治病……這就是著名的《大劈棺》的由來。

沒想到莊子根本沒死，而且他老婆愛上的這位多金公子，是莊子用法術假扮、用來試探對方的。

真相大白之後，田氏羞愧自縊，莊子則鼓盆而歌，出家修道去了。

我們讀《莊子》讀到現在，一看這個故事就覺得「改很大」，莊子根本不可能是這種人呀！但是或許就因為有人對他妻子死後鼓盆而歌「懷恨在心」，所以編了這個「渣男爛事」來消遣他，原來他鼓盆而歌，竟然是在妻子被戲弄、羞辱、憤而自殺之後，這樣的表現不要說做一個哲學家，就算做一個普通人也是不合格的，莊子真冤呀！

話說回來，莊子自己也編了很多故事，也沒少冤枉了老子、惠子、孔子和他的弟子們，只能說「出來混總是要還的」，還是說「最好不要得罪作家」呢？哈哈。

第四章 人情與世故

想要他順著你，你就要先順著他

你沒有看過螳螂嗎？如果把牠激怒了，牠就會舉起手臂去擋住車輪，自以為力氣很大，結果就送命了！

《莊子》的第四篇是〈人間世〉，如果望文生義，講的應該就是怎麼生活在這個人世間——當然不能像苦苓那麼不負責任地瞎猜，還是要來給他看一下，很有名的「螳臂擋車」的典故。

顏闔問蘧（音同渠）伯玉說：「有一個人天性嗜殺，如果放縱他亂來，就會危害到我的家園；如果去勸他向善，就會先危害到我自己。而且那個人的脾氣很怪，通常都只看到別人的過失，從來不覺得自己有什麼不對，請問這種人應該拿他怎麼辦？」[1]

真是大哉問呀！這其實就是在問我們對社會上的「壞人」到底該怎麼辦？不理他，

可能被他危害（哪天就不知道從哪裡竄出來砍你一刀！）；要去勸他做好人，他就直接當面砍你一刀，嚇死寶寶了！但是如果要等著他真的做了壞事，才能用法律去制裁他，那時候受害者的損失（可能是財產、更可能是生命）就無法彌補了。

所以對這種人我們到底該怎麼辦呢？這就有點像《伊索寓言》裡面的故事：一群老鼠商量著要在貓的脖子上掛鈴鐺，好用來保護自己，問題是怎麼樣也找不到一隻有勇氣去幫貓掛鈴鐺的老鼠……我們面對社會上的許多惡人壞事，不也常有或多或少類似的無奈嗎？

讓他覺得你是「自己人」

還好莊子不會只出問題、不給答案。蘧伯玉說：「對付這種人，首先要夠聰明、很和氣地順著他的意思，絕對不能冒犯激怒他。如果他像個小孩一樣，你就也裝作小孩一樣；如果他瘋瘋癲癲不正常，你也裝作像個「捎的」（臺語，瘋子）。先讓他覺得你和他是同類，再慢慢地設法引導他。」[2]

這裡說的不就是「同理心」嗎？一個人不會無緣無故地變壞，有可能是他從小受到虐待、有可能是他受到別人的欺壓、也有可能他有莫大的寃屈，甚至他可能就是「有病」沒辦法控制自己……所以我們一定要先能夠取得他的信任、設法和他好好相處（他總不會一見面就拿刀子砍人！），尤其是讓他覺得你是他「這一邊」、「同一國」的人，他才可能卸下防衛心，對你吐露真相或真情；你也才有機會協助他克服這個困難與阻礙，或許可以把他想要當「壞人」的心態扭轉過來也不一定。

我們所說的壞人，不一定是經常為非作歹的人，有可能只是讓我們反感、覺得受到威脅的人，例如公司裡的同事可能有「壞人」、學校的同學可能有「壞人」、附近的鄰居也可能有「壞人」、自己的社交圈裡面更可能有「壞人」，那就更不用說社群軟體裡面了，你隨便講兩句話，都可能引來一大堆對你攻訐謾罵的「壞人」了。對於壞人，你當然可以不理他，但這就是默默地在助長他為惡，讓你也成為「平庸的邪惡」中的一員，而且自己仍然免不了受害。

對於壞人，你當然也可以挺身反抗，但是如果自己的力量不夠，很可能就成為第一個犧牲品：在街頭看不慣有人被欺負、勇敢地站出來干預介入的人，有時候，很抱歉，跟電影裡演的好像不太一樣，這個「正義之士」很可能反而變成了更嚴重的受害者！

所以孔子說「暴虎馮河」不是真正的勇敢（講莊子卻常常引用到孔子的話，莊子應該不會介意才對，其實用俗話來說，就是在老虎嘴裡拔牙啦！），真正的勇敢我來舉一個例子好了：

幾年前，高雄大寮監獄發生囚犯劫持獄卒的事件，當時所有的警界高層、談判專家都到場了，但是真正介入和犯人協商的，卻是一位黑道出身、自己也坐過牢的前任民意代表。Why？就是前面講的「同理心」，因為那些犯人相信這個「大仔」跟他們有類似的經歷、會同情他們的處境、能了解他們的心情……所以最後才能夠放心地接受他的安排和建議——或許由警方的專家來做，也會提出完全一樣的安排和建議，但因為沒有被犯人認為「是和我一樣的人」，可能就無法得到相同的效果。

講得現實一點（免得你們都覺得讀《莊子》沒什麼用），面對比你大、比你強、比你兇的人，最好的方法就是讓他覺得你是「自己人」，這不是勉強自己背著良心屈從於他，而是打入他的內部、充分掌握他的特性，進而設法引導他走向對我有利的途徑。簡單地說，就是一種當Spy的心態啦！

對越厲害的國家，我們不是越需要滲透他、掌握他的情資、獲取他的信任、讓他做出有利於我們的決策嗎？對於厲害的人，當然也可以用這一招。

是勇敢，還是不自量力？

那你可能會和顏闔一樣，問說：「那是壞人耶（歹勢，這一句又是我加的，這樣比較生動咩）！幹嘛對他那麼客氣、那麼和順？」

蘧伯玉回答說：「你沒有看過螳螂嗎？如果把牠激怒了，牠就會舉起手臂去擋住車輪，自以為力氣很大，結果就送命了！你要小心呀，如果過度誇大自己的才能，覺得有能力去觸犯所謂的壞人，那就跟螳臂擋車一樣的危險啊！」[3]

這裡還順便提醒了一句：不要自以為很厲害，就算你是跆拳道黑帶，看到路邊有人被毆打，還是不要貿然地就衝出來（誰知道他有沒有帶刀、甚至帶槍？），跟我們所有這些平凡但是有自知之明的小老百姓一樣，報警就好了。

莊子也提到了養老虎，他說到懂得養老虎的人，都不敢拿整隻活的動物給他吃，因為老虎在獵殺生物的時候，會大發獸性，後果往往不可收拾。[4]反過來說（以下當然是我自己說的），如果老虎從小在籠子裡養大，根本沒看過其他的動物，而且每一頓都是「餐餐西莎寵愛牠」（特別聲明：沒有業配，但求舉例生動而已），相信老虎也有可能變得像貓一樣柔順吧！

我們也在很多動物頻道裡看到老虎或其他貓科動物像獅子、獵豹被馴養的畫面，實際的經過情形未必相同，但原理應該和莊子說的一樣：「要讓他變得柔順，就要先順著他」。做人處事，不也是這個道理嗎？下屬對上司，媳婦對婆婆，政客對選民，應該也都是「一理通，萬理通」。

愛之前，先看人家要不要給你愛

肉食動物中最帥的是老虎，草食動物裡最帥的應該就是馬，大家不會有異議吧？既然養老虎的風險比較大，那麼馬比老虎柔順多了（其實所有草食動物的目光，都比肉食動物來得柔和），養起來是不是就比較ＯＫ呢？

那可不見得！從前有一個非常喜歡馬的人，把他的馬侍候得無微不至，甚至用竹編的筐去接馬糞，用巨大的蛤蠣殼去裝馬尿……就算服侍他阿公，應該也沒有這麼盡心盡力（被你發現了！這兩句是我加的，真是人贓俱獲）。

結果呢，有一天，有一隻Super大隻的吸血蒼蠅，剛好停在馬背上吸血。這個愛馬仕（不是名牌，是愛馬人士）看到了，就悄悄地走過去，出其不意地用力要拍死這隻蒼蠅，不料馬受了驚嚇，後腳用力一踢，就把這個人給踢死了！[5]

是怎樣？莊子裡也有這種「黑色喜劇」嗎？其實是他老人家用心良苦，拐彎抹角地在告訴我們：對於惡人我們當然要想盡辦法應付他、誘導他，但是對於我們所愛的人，也不該一廂情願地用自以為是的方法去愛他，如果愛的不得法（就像突然在馬背上拍蒼蠅一樣），對方不但不領情，還很可能會不小心傷害了你。

年輕的朋友常常說一句話：「阿我就愛ＴＡ呀！有什麼不對嗎？」愛是沒有什麼不對，那也是你的「天賦人權」，但你也要看看人家要不要給你愛（不給愛也是天賦人權），而你愛的方法是不是恰當、能不能讓對方欣然接受，那才是更重要的，不是理直氣壯的一句「我愛你」就可以一路綠燈、暢行無阻的。

你愛她，不惜重金娶了她，又捨得送她華服珠寶名車豪宅，大家看起來都羨慕死了。但你卻限制她幾點鐘回家，讓她失去了跟朋友自在歡聚的空間，就像用黃金打造一個鳥籠，把一隻想要任意翱翔的小鳥關起來一樣，你或許真的很愛她，但她能接受你這樣令人窒息的愛嗎？偶粉懷疑。

唉我沒有在影射誰喔，大家不要對號入座，這些話可是莊子在兩千多年前說的，難道你認為他也聽過〈無人熟識〉嗎？他說的可是千年不變的「愛的真諦」呀！

延伸話題 **螳螂**

不知道為什麼，很多人都會用「生性殘暴」來形容螳螂，而且除了「螳臂擋車」，另外一句成語就是「螳螂捕蟬，黃雀在後」，總之對螳螂就是沒有什麼好話，好像他天生就是昆蟲界的「壞人」似的。

其實那不過是因為螳螂很強罷了！牠可以說是一隻完美的「殺蟲機器」，如果把螳螂放大到一隻老虎，不，只要一隻狗那麼大就夠了，相信地球上就沒有一隻打得過牠的動物了，完全是一個No.1。但牠之所以有這麼好的配備、這麼敏捷的反應、這麼強大的殺傷力，也只是大自然賦予牠求生的本能而已，我們實在不必因此而對牠有什麼「種族歧視」。

螳螂還有一點很「悲劇」的特性：如果牠僥倖沒有被車輪碾死（這種腦殘螳螂應該不多）、也沒有被黃雀吃掉，那麼公螳螂會在跟母螳螂交配的時候，百分之百地被母螳螂吃掉（你可能聽過黑寡婦蜘蛛，但是公蜘蛛會設法在交配時逃生，不一定全部會被母的吃掉），所以每一隻公螳螂都會注定死在「最愛」的手裡，而每一隻母螳螂也都注定會背上「謀殺親夫」的罪名……哇！你不覺得這樣很有莎士比亞悲劇的色彩嗎？我真的不愧是臺灣唯一的動物兩性作家！——不好意思，又違背我謙虛的本性了，阿就事實啊。

能夠先為對方想，就是在為自己想

你先要忘記自己有多厲害、也要忘記自己的目的，讓你的心是一片空明的，這樣子才能夠感化別人。

對於中國古代的讀書人來講，空讀古書是沒有用的，一定要用來經世濟民、發揮自己的抱負和理想，最有效的方法當然是直接做皇帝——可惜沒有那個命，那當然就得透過做官。

春秋戰國時代還沒有皇帝，也沒有科舉制度，想要做官，也得國君肯任命你才行。所以不管是孔子和孟子，都是周遊列國，鼓起三寸不爛之舌，想要說服國王讓他來治理百姓……一般來說，都沒有得到太大的成效，反而成為莊子這些人取笑的對象。

空明就是「不顧自己、為他著想」

〈人間世〉裡就提到：衛國的國君很壞，做了很多傷天害理的事。顏回（也就是顏淵，孔子最得意的門徒）向孔子請求，要去感化衛國的國君。

孔子說：「可以是可以，但是你如果存心去感化他，恐怕反而很難感化他了。」

顏回覺得老師好像不相信自己的本事，心裡不太服氣，但是又不敢說（孔子對顏回最大的稱讚就是「不違如愚」——我講什麼話他都乖乖聽，好像有點笨似的）。

孔子又說：「你先回去齋戒幾天再說吧！」

顏回聽了不太爽：「我本來就窮得要死（《論語》裡也說了：「一簞食，一瓢飲」，伙食相當差），既沒有在喝酒，也根本沒肉吃，還齋什麼戒呀？」

孔子說：「我知影（臺語，我知道），我說的不是祭祀的齋戒，是心理的齋戒。」

顏回說：「阿你沒教過耶（照例，這一句是我加的），什麼叫做心理的齋戒呀？」

孔子回答說：「你先要忘記自己有多厲害、也要忘記自己的目的，讓你的心是一片空明的，這樣子才能夠感化別人。如果真能做得到，恐怕連鬼神都能夠感應，何況是人呢？」[1]

果然孔子求官碰了不少壁，這段話可以說是經驗之談：很多優秀的人什麼都很好，缺點就是自我意識太強、很容易和別人對立。孔子這裡說的「心理的齋戒」就是去除掉強烈的自我意識，而且不是為了功名、為了利己才這樣做。「空」是可以接納一切不同的看法，「明」是可以看清內外各種的處境……這樣子別人才能感受到你的真心誠意，也才能真正受到你的感應、感化甚至感召。

當我們要說服一個人之前，確實應該先「清空」自己，聆聽和接納對方的想法，而且不以自己的目的為優先，純粹從對方的利益做最大的考量，當對方感受到你確實是在「為他好」之後，當然有比較大的可能會接受你的建議。

像孟子對梁惠王那樣，劈頭就說：「王，何必曰利，但有仁義而已矣！」就是一種「無效說服」，阿梁惠王有興趣的就是「利」啊，你一見面跟他講「仁義」，他怎麼會聽得下去？

如果孟子換一種講法，說我們的確要追求利，但是利有分大利和小利：小利就是富國強兵，然後多占一些別國的土地和人民，那只是白嗨而已，有什麼意思？大利是把國家治理得很好、老百姓的生活都很幸福，別國的人聽到了都自動想要「移民」過來，也就是所謂的「近悅遠來」，那不就得到了全天下的好名聲嗎？相信就算是冥頑不靈的梁惠王，也有可能會被打動。

我有一位女性朋友在百貨公司當櫃姐，一般有顧客來試衣服，大部分的專櫃小姐都會說「好好看哦！」「這件衣服好適合你哦！」……想盡辦法把顧客試穿的那件衣服賣出去。我這位朋友卻可能實話直說：「呃，這件衣服好像不太適合你。」然後說明原因、提出建議，而且提議對方另外試穿她覺得比較適合，而且價格比較低的（這裡是重點！這時候你就把顧客拉到你這邊來了，覺得你真的是在為她著想）。通常顧客們不但會很滿意，甚至還又徵求我這位朋友的建議，多買了好幾件回去，也難怪她的業績始終居高不下，還被戲稱為「賣衣女王」。

但她並不是在用心機，她只是把每個顧客都當作朋友，將心比心，提供自己的專業，讓對方能做最好的選擇……她可能沒讀過《莊子》裡面說的「心理的齋戒」，但她的「不為了自己、替對方著想」的做法卻是不謀而合了。

下一次，想要說服客戶、上司、父母甚至另一半的時候，大家不妨都參考看看。

莊子其實是魯蛇救星？

講到這裡，聰明的你（不用客氣了，就是你！）可能會想到：真的像莊子所說的、孔子有這樣說嗎？還是莊子只是借孔子的口氣，來說出自己的理念呢？

沒錯，孔子吃虧的就是生得比較早，沒機會碰見莊子；而晚生的莊子當然有聽過孔子，把孔子偶爾拿出來「虧一虧」、吃吃豆腐，除非是孔子的弟子和再傳弟子們勇於出來反駁（不是號稱有七十二門徒、三千子弟嗎？），否則也就只能吃啞巴虧了。

其實莊子根本就不認同讀書人去找國君求官來施展抱負的做法。他在書裡就寫道：孔子周遊天下，來到了楚國，楚國的狂人（不是瘋子哦！就一個很狂傲的人）名叫接輿，他看見孔子到處碰壁，往往都自身難保了（還曾經和弟子們「在陳絕糧」，差點沒餓死），還在妄想推行自己的理想，就大聲地諷刺他：

「鳳鳥呀鳳鳥呀，你怎麼那麼落魄？

如果天下有道，聰明人就出來教化天下；

如果天下無道，聰明人就只能保全自己。
算了吧！算了吧！這樣的時代，
不要再用你的光明去顯現人家的黑暗了。
荊棘呀荊棘，不要傷了我的腳，
我已經在拐著彎走路了。」[2]

這段話表面上是在嘲笑孔子，甚至否定所有想做官的讀書人，但其實孔子自己也說過：「滄浪的水如果很乾淨，我就用來洗帽帶；滄浪的水如果很髒，我就用來洗腳。」可見得孔子是有在挑的，不是為了做官就「袂揀食」（臺語，不挑食）。另外孔子還說「有人用我，我就走路有風；沒人用我，我就關門餵狗（原文：用之則行，舍之則藏）。」可見得孔子並不像接輿（其實是莊子本人在嗆聲啦！）說的那樣地一廂情願、不知進退。

差別只在於孔子雖然飽受挫折（畢生只在魯國做了一陣子官），但他總覺得「天下那麼大，我還有機會」；而莊子是早已經看穿了：滔滔亂世，哪有一個像樣的國君？別再白費唇舌了！

就連李白的詩裡面也有「我本楚狂人，鳳歌笑孔丘」這樣的句子，這也就說明了莊子這一段話，其實是在替有史以來所有做不到官的，或者做了官又被貶到東貶到西，始終都覺得自己「有志未伸」的讀書人，做了一個最大的「化解」：

阿我之所以如此，原來是因為天下無道（換句話說，皇帝昏庸啦、奸臣當道啦！），所以我越是講大道理，只是越踩到這些人的痛處而已（不要用你的光明去顯現人家的黑暗），所以我還是躲著先，不要隨處亂跑，免得被荊棘（就小人咩）刺到，總之保住自己的小命最要緊。

要不是有莊子這樣的道家思想——好吧！就算你說這是「魯蛇思想」好了，但是打輸的時候不是就應該先保命，以後找機會加血、弄幾個寶物，或許將來還有可能「越級打怪」嗎？——自古以來的讀書人在不得志的時候，該會有多難過呀！要不是能用這些想法來寬慰自己，每天傷春悲秋、唉聲嘆氣，說不定就真的想不開，去效法屈原跳汨羅江了……這樣說起來，莊子還真可以算是一個「魯蛇救星」呢！

我們現代人雖然不做官，但做事的道理也是一樣的：如果你都做到「不顧自己、為他著想」的「空明」境界了，卻還不能說服你的「慣老闆」接受你、重用你，那這只能說明這家公司不上道、你的老闆沒眼光，你也不用在這裡徒耗口舌、浪費時間，「此處不留爺，自有留爺處」，海闊天空，何必被綁在一個小角落裡呢？

這麼說來，莊子的〈人間世〉講的就是人與人的「互動論」無誤。

延伸話題　李白

李白的事蹟大家都很熟悉，知道他也是一個「狂人」，他也跟著莊子，在千年後嘲笑孔子，但他自己愛不愛做官呢？愛死了！

他其實一輩子都在想辦法找官做，也曾經有機會在唐玄宗面前秀了一下，可惜只給他一個沒有實權的「翰林」做，這其中沒有說出來的話就是：李白你這傢伙號稱才子，其實也只是比較會寫文章、吹牛皮而已，和苦苓差不多（咦？這不是在標榜自己嗎？太不合我謙虛的本性了！），就給你個無足輕重的官位，每天寫寫字、抄抄書就好了，真的要治理國家我可不放心你！

但是李白連這樣的機會也沒有把握，不久就丟了官（所謂楊貴妃幫他磨墨、高力士幫他脫鞋的故事，都是民間傳說，聽聽可以，切勿當真），然後一邊寫著看起來豪放不羈的詩，一邊還是到處鑽營想做官。甚至在安史之亂的時候，還去投靠永王璘——他的皇帝爸爸只是「走路」（臺語，逃亡）並沒有GG，這個兒子就急著自己上位，嚴格來說算是叛亂——結果差點被抓去殺頭，幸好郭子儀替他說話、救了他一命，最後被放逐到夜郎（對，就是夜郎自大那個夜郎，在現今的四川，可遠著呢！）去，而他這輩子當然就不可能有什麼大官好做了。

李白雖然讀了很多書，而且也確定讀過《莊子》，但是看起來並沒有真的讀通啊！

不管做什麼事，千萬不要太「刻意」

儵和忽就開始每天替渾沌開一個竅……七天以後，渾沌就死掉了。

《莊子》的〈應帝王〉這一篇，講到如何應對帝王，完全是和儒家「盡忠盡孝」不一樣的理念，對於今天民主時代的我們來說，參考的價值沒有那麼大（當然，也可能是因為我的體會還不夠深，請多多指教），倒是其中提到「渾沌」的部分，很多人都聽過，而且也很值得深思。

渾沌鑿七竅而亡，Why？

渾沌（音同頓，愛呷鬼可能會當成餛飩）本來是指世界初創的時候，天地都還沒有形成、萬物都還沒有發生、一切都還模糊不清的狀態，例如在傳說的盤古開天闢地之前，這個宇宙都是一片渾沌的。

但是在《莊子》一書裡，渾沌變成了一隻神獸。南海的帝王叫做儵（音同樹），北海的帝王叫做忽，中央的帝王就叫做渾沌，各司其職、相安無事——其實這是我在吹牛啦，根本不知道他們是在幹嘛的，只是想當然耳而已。

儵和忽常常跑到渾沌住的地方去玩，渾沌對他們也很Nice，於是儵和忽為了要報答渾沌，有一天就商量說：「人都是有七竅的，用來看、聽、呼吸和吃東西，渾沌卻連一個竅也沒有，有夠可憐的，讓我們替他來開七個竅吧！」

儵和忽就開始每天替渾沌開一個竅……七天以後，渾沌就死掉了。[1]

哇靠！這還不只是神話，一天在身上挖一個洞？根本是「恐怖片」嘛！

其實莊子是在說天地萬物，本來就有自然足夠的天性，有它存在的固有方式，如果盲目地去改造天然的本性，反而會造成不好的後果。

我們不是一直在講「順其自然」嗎？人當然會有智慧、機巧，就像工具的使用、科技的發展，基本上都不是自然的（所以才叫做「發明」）。但是這些智慧如果能夠和自然合為一，例如人一定需要水，而工具和科技可以讓人更容易取得到水，飲用和使用更乾淨的水，那麼這就是符合自然的、就是對人類好的智慧。

那有什麼智慧是對人不好的呢？例如用幹細胞去複製動物，這不但是違背自然，根本就是對造化的挑戰，結果最早複製出來的那隻「桃莉羊」很快就因為身體虛弱而死掉了，我還在博物館看過牠的標本。其實大自然不斷在對人類警示：人自以為「人定勝天」，其實是在「逆天而行」，結局往往就是「後果自負」。

就像冠狀病毒，這麼可怕的東西既然被發現了，急著消滅它都還來不及，反而把它放到實驗室裡面，加加這個、改改那個，結果就製造出嚴重危害世界的「怪物」來了，這不就是人類倚仗科學所生的自大與傲慢，所導致的自我毀滅嗎？

所以就算是科學家的實驗，也要有基本的科學倫理，也不能違背自然。例如有錢人可以用自己的幹細胞去做「器官農場」，供應自己將來需要時的器官；或是在胚胎時期，就把一個人所有可能的不良基因全部去掉，製造出完美的「超人類」……這些事不是光用想的，就令人不寒而慄了嗎？

所以，把蒙昧不清的沌渾打開七竅，就是一種違背而且損害自然的行為，這樣的智慧就不是「順天應人」的真智慧。

在佛家一般不叫智慧，而叫做「般若」（音同波惹），這個般若又叫做「妙智慧」，說明了它是合於自然的真智慧，和一般人為的智慧是不一樣、甚至更高一個Level的。

其實「自然」如果用作形容詞的話，它的相對意義就是「刻意」，莊子反對的就是這種刻意，所有的智慧如果是不合乎自然的「刻意」，那就都不是真的，當然也不是好的。

相忘於江湖的交友之道

不只對這個世界不應該刻意，對人也不應該刻意。

我們來談談〈大宗師〉開宗明義講的「相忘於江湖」，一來是因為這一篇太有名了，我如果跳過不講，很可能被讀者「抓包」；二來也因為正好可以跟渾沌的故事做一個對照，從對世界的態度引申到對人的態度。

這一篇是說江裡、湖裡的水都乾涸了，魚兒都困在地面上，只能互相用口沫滋潤彼此的身體；這還不如江湖裡水都滿的時候，大家悠遊自在，根本就忘記了對方來得好。[2]

這樣講好像顯得很無情，能夠「相濡以沫」不是顯現出了人類高貴的情操、至少是彼此真摯的友情嗎？莊子並沒有反對這樣的做法，他只是要提出一個疑問：如果是你，寧願處境很艱辛，不得不跟朋友（應該只能跟朋友，一般人大概也懶得理你）相濡以沫呢？還是大家「閑閑都沒事」，跟朋友相忘於江湖？

拿我自己來說，我有一些朋友，雖然覺得意氣相投，但平常並沒有頻繁來往，感覺彼此的友情好像在「有與沒有之間」，彷彿只是細細的一條線互相牽著（大概都還不能算是羈絆）。

但是一旦朋友遭到變故，例如失業了、出事了、或者重病了，我一定會在第一時間表達關心，詢問是否需要相助，並盡量為他想方設法……這個時候，可以算是「相濡以沫」了吧？對方當然也會感恩在心，有機會（我是希望永遠沒有機會啦！）應該也會同樣全心全意地來幫我解決困難。

但是我們更希望的卻是：最好大家都沒事，也不一定要「相借問」（臺語，打招呼），只要彼此知道對方都還好好地活著，那就「好得佳哉」（臺語：好險）了——你看，這不就是最標準的「相忘於江湖」嗎？

以我跟我的好朋友于美人來說，大家都認為我們很要好，其實我們除了上節目也很少私下見面，認識三十年來只一起吃過兩次飯，這算什麼朋友？但是當我「落魄走路」時，她一直很關心我的狀況，而且也在我退隱山林、重新出發的關頭，「很用力」地扶了我一把……這個時候，大家才更確定：我倆真的是好朋友。

後來她「出事」的時候，媒體幾乎「照三頓」（臺語，照三餐）打電話來問我有關她的種種訊息，我不但守口如瓶，而且無條件支持她所有的說法，為什麼？理由很簡單，既然是好朋友，就算對方真的違法犯紀，我也要幫著掩蓋窩藏，更何況她什麼壞事也沒做——這樣講，好像很誇張、很「江湖」，可是真正的朋友不就是這樣的嗎？

等到我也沒事、她也沒事之後，我們兩個又好像「斷了線」，可能會透過網路、媒體或者他人的耳語，約略知道對方過得「還好」，那就夠了！就讓我們繼續相忘於江湖吧！

我不確定年輕的朋友，是不是能體會這樣的境界，畢竟當我年少時看見「君子之交淡如水」這句話，也是相當不以為然的：我們的友情濃烈如酒、芬芳如花，怎麼可能像是淡而無味的水呢？那時還覺得這麼說的孔子，根本就是一個孤僻又乏味的老人。

有了年紀、有了歷練之後，才知道水雖然淡而無味，卻是最健康無害的，也是你最真切需要的，而且水流涓涓、悠遠綿長，可以維繫得住、更可以保持長久……而且而且，如果沒有滿載的水，「江湖」又怎麼能讓我們相忘呢？

回到剛才起頭談的「刻意」，對於這個世界不要太刻意做什麼，維持自然就好；對於人、對於朋友也不要太刻意做什麼，順其自然就好——那難道我們就不要當好人、做好事了嗎？非也、非也。

孟子也講過：我們看到一個小孩掉到井裡，不假思索地就會出手去救他，既不是為了得到他父母的感謝，也不是為了得到世人的讚譽，這一切不很「自然」就會發生的嗎？

所以，順應我們的良知良能，繼續去做對這個世界好、對人類好的事情，不是為了沽名釣譽、也不是為了自我滿足、更不是為了獲取回報……這就是最不刻意、最自然的處世之道了。

延伸話題

珍貴的水

說到水，今天我們家家戶戶打開水龍頭就有水、按下馬桶就有水、商店裡到處也可以買得到水，好像是再理所當然也不過的事了，應該也很少人覺得水是很珍貴的吧？

可是如果你到東南亞、到中南美、尤其到非洲某些地方，很多很多人的家裡根本沒有「呼之即來」的水。

我曾經在印度，遇到過一個農村的小女孩，她的頭髮整個糾結成一團，又髒又臭，顯然是很久沒有洗了，不由得在心中責怪她的父母。後來我看見農村裡的婦女身上穿的「紗麗」，原本鮮豔的顏色都已變成暗黑色，才驚覺她們的衣服也很久沒洗了！

為什麼？因為他們的家中非但沒有自來水，也沒有水井，最近的水源是幾公里外的一條幾近乾涸的小溪，所以他們終年缺水，能夠有足夠的水喝就已經謝天謝地了，哪裡敢妄想洗頭、洗澡、洗衣服……而你知道這個世界上還有好幾億人，過著這種生活嗎？

我也曾經在非洲肯亞，看到十二、三歲的小女孩，每天提著兩個沉重的水桶，要走上來回四小時的路，才能取得勉強夠一家人用的水。旅遊團的導遊問她覺得辛苦嗎？她說不會、早就習慣了。再問她怎麼沒有大人或男孩子幫忙提水呢？她說爸爸和哥哥都要去工作、媽媽要料理家務和照顧小孩，所以只有她一個人能去提水，她還很驕傲地說：「我們家都因為我才有水。」

看到了嗎？我們覺得理所當然、不以為意的東西，卻有可能在其他人的眼裡是那麼重要、那麼難得……我在這裡也不是要講什麼感恩、什麼惜福的老套，只是想提醒大家：這個世界很大，人跟人真的很不一樣。以上。

拜託也，可不可以放「自然」一點？

沒有對誰特別好、也沒有對誰不好，不親不疏，讓天下的人都過得很舒適。

不管做什麼，都不要太刻意

自己刻意做出比較高尚的行為，表示和世俗的人不一樣；或者是發表空洞的言論、抨擊社會的黑暗面，來表示自己心中的不平，這只是憤世嫉俗的人的做法。

提倡忠信仁義、恭儉謙讓，用來修養自己，或者教誨別人，這只是遊歷各地，或者在固定地方講學的人的做法。

追求大的功業、立下大的名聲，制定君臣的上下禮節，用來治國平天下，這只是富國強兵、到處兼併土地的人的做法。

在森林裡面，或在溪流旁邊，閒散地釣魚，為了要放下心裡的羈絆，這是遠離世俗、清閒過日的人的做法。

練習深呼吸、做身體導引，學一頭熊掛在樹上，學一隻鳥伸張頭腳，這只是磨練身體、追求長壽的人的做法。[1]

這些做法看起來都不錯，但是很抱歉，莊子他都不同意，他覺得這些做法都是太刻意、不自然，基本上是會傷害精神的。

例如一個人的行為是不是高尚，會從他的個性和品格自然表現出來，並不需要刻意地假裝，就像嘴巴含一口昂貴的紅酒然後說有「泥炭味」或是「果香味」，或者手上掛著上百萬的名牌人工錶，就以為自己屬於「上流社會」一樣，其實是很可笑的。

而如果再用貶低別人來抬高自己的身價，那就更矯情了！即使喝的是最廉價的國民啤酒，戴的是幾百塊的塑膠手錶，一個人是否受到尊重，在於他自己的修為和對社會的貢獻，不是任何「假鬼假怪」（臺語，裝模作樣）的方式可以換來的。

所以莊子也認為：修身不需要依賴什麼仁義道德，一天到晚在意自己是不是忠心、是不是孝順、是不是有情有義、是不是做到「政治正確」、是不是符合「普世價值」……這些都很無聊！只要遵從你的本性，自然而然地對人好，當然也就包括對你的親人、朋友，以及陌生人都充滿愛心和友善，他們也會一樣地回報你，那不就好了嗎？我們又不是童子軍，難道還要每天注意自己有沒有「日行一善」、有沒有扶老婆婆過馬路嗎？

那些愛講大道理的人，立志追求偉大目標的人，很可能都是「各懷鬼胎」，或者為了吸引信徒、影響君主，或者為了建功立業、得到權勢……反正這種「動機不良」的人，莊子是覺得很不以為然的，所以把他們「剾洗」（臺語，諷刺之意）一番，也只是剛好而已。

莊子很自然地會嘲笑那些汲汲營營的人，我們讀《莊子》讀到這邊，應該也都很習慣了。但是對於有心追求閒散生活，或是練習呼吸導引來養生的人，莊子應該是把他們當作「同類」才對吧？怎麼好像也不太肯定他們呢？

最重要的問題不在目標，而在於態度：做什麼事太過「刻意」了，就很容易造成「依賴」。羅龍治老師舉過很好的例子：心情苦悶了就想去看電影，或者聽音樂；精神不濟了，就想要抽菸，或者喝咖啡。那麼電影、音樂、香菸、咖啡不就都成了一種「依賴」嗎？那當你沒有這些依賴品的時候，你還能不再苦悶、還能精神充沛嗎？

所以，刻意高尚的行為是依賴，仁義道德的提倡是依賴，建功立業的追求是依賴，但是到山林裡去過閒散的生活又何嘗不是一種依賴？

如果你的心真的能夠維持清靜，所謂「但無閑事掛心頭，便是人間好時節」，那就算在熙來攘往的火車站裡，你還是可以有閒情逸致，說不定光是看著來往旅客的形色匆匆，就有無限的樂趣，又何必非要跑到深山幽谷裡，才能找到一份靜謐呢？

對身體也一樣，你就聆聽自己身體的聲音、服從自己身體的感受、學習和自己的身體相處……又何必刻意去做一些其實是違背身體自然的事呢？你覺得跑步可以健身，但是人類的構造不像貓狗，並不適合跑步呀！所以跑步同時也可能對你造成運動傷害，那會不會有一點得不償失呢？

當然你說所有的運動都難免造成傷害，那難道就不運動了嗎？也不是，而是莊子認為（或許是我過度詮釋，先跟老人家道個歉）：你就是為了運動而運動，為了感到愉悅而運動，為了你的身體有好的反應而運動，但不是為了健身、為了減肥、為了長壽才運動——你有沒有發現：很多事情拋棄了目的性去做，就會減少得失心、增加愉悅感，讓你做這件事情更加純粹、更加得心應手、而且更加心滿意足。

這一篇叫做〈刻意〉，而主旨就是叫我們不管做什麼事，都不要太刻意，才不會扭曲我們的目的、損耗我們的精神，這樣子才能更容易把事情做好。

最高的仁沒有親

從這裡倒回去看〈天運〉篇，就更有意思了：

商太宰蕩問莊子：「什麼叫做仁？」

莊子回答說：「仁很簡單，虎狼就有仁。」

太宰蕩說：「此話怎講？」

莊子說：「虎狼的親子之間也是相親相愛，這不就有仁嗎？」

太宰蕩說：「那樣的仁也太淺了吧？請問最高的仁到底是怎樣的？」

莊子說：「最高的仁那就沒有親了。」

太宰蕩逮到話柄了：「我聽說不親就是不愛，不愛就是不孝呀！如果照你這樣講，最高的仁就是不孝，敢按呢（臺語，是這樣嗎）？」

莊子說：「毋是按呢（臺語，不是這樣），最高的仁境界是很高的，光靠孝那是達不到的。就好像冥山是在遙遠的北方，郢是在南方，如果你站在郢地往北方看，是根本看不到冥山的（簡單講，就好像在高雄看不到陽明山）。所以，用愛心去行孝，那是很容易的；讓雙親過得很順適而沒有感覺到你的愛心，就比較難一點。而如果用自然的愛心，沒有對誰特別好，也沒有對誰不好，不親不疏，讓天下的人都過得很舒適，不覺得人與人之間有什麼愛心，那就更難了。」[2]

其實莊子在這裡把「仁」大概分成三等：最基本的，就是我們世俗說的孝順：噓寒問暖、拿錢回家、定時探望、逢年過節……讓父母覺得「我的孩子很孝順」。

你說這樣還不夠嗎？是不錯，但是如果你能夠安排好父母的生活，讓他們覺得不需要有人特意照顧、陪伴，也過得悠遊自在，可能他不會逢人就說你「孝順」，但是這個層次已經比較高了。

至於最高的境界，就是世界上每一個人都過得很好，不需要特別的照顧，也不需要誰來多付出一些愛心，表面上好像大家都沒有什麼親疏遠近了，也不會有人被稱讚很孝順、有愛心了……但這不就正是理想的「大同世界」嗎？

其實孔子的〈禮運・大同篇〉裡也說了：「老有所終，幼有所長，矜寡孤獨廢疾者皆有所養。」大家追求的目標是一致的！以現在的世界來看，一個國家如果做到健全的福利制度，每一個國民都不需擔心自己的老後生活，那確實就不用奢求子女的孝順——畢竟個人的能力不同，對有些人來說「孝順」也是一個沉重的負擔。如果這個社會能把我們的父母照顧得很好，不需要讓他們來稱讚我們「很孝順」，那才是最理想的吧！也才是莊子所說的最高境界的仁。

所以莊子又說：「用什麼孝悌仁義、忠信貞廉，來叫人要相親相愛，這不是最高的境界。這就像湖水乾了，魚兒互相吐著口沫來相親相愛一樣；還不如湖水滿的時候，魚兒在水裡悠遊自在、大家互不相干的好。」[3]

在這裡，「相濡以沫」和「相忘於江湖」再度出現，可見得莊子還滿喜歡自己舉的這個譬喻。魚不能沒有水，而水對魚來說，沒有所謂的親，也沒有所謂的仁，水對魚就是一種自然的存在，而我們人類發自本性地希望世上每一個人都過得好，也是一種自然的存在。

所以莊子最後說：「最尊貴的人，不要爵位；最富有的人，不要金錢；最快樂的人，不要名譽」[4]——當然不是說最快樂的人「不要臉」，而是不在乎世俗的毀譽，就像柳永的詞：「忍把浮名，換了淺斟低唱」，予焦啦（臺語，乾杯吼搭啦）！

結論：「這才是最高的道。」

延伸話題 **孝順**

其實在許多歐美的語言中，根本沒有「孝順」這個詞，就他們而言，親子之間存在的就是「愛」：你愛我，所以我也愛你；但是如果你不愛我，那憑什麼還要我勉強愛你（孝）、還非聽你的話不可（順）？更不要說什麼「天下無不是的父母」，那實在是太「封建」了！

父母愛子女，把子女養大、讓子女受教育，這樣任務就完成了，沒必要規劃子女的生涯、介入子女的婚姻，甚至還要幫子女買屋置產，這些對西方人來說，都覺得莫名其妙、「太超過了」。

而父母年紀大了，自然有社會福利照顧他們，生活無虞，不需要靠著「孝順」的子女節衣縮食地來養活他們，子女平常對他們多少有些關心，願意偶爾來探望他們，那就已經「仁至義盡」了，我相信，天下沒有任何父母，希望自己成為兒女的沉重負擔。

比較看看，這樣「不孝」的社會是不是更理想一點、更人性一點、境界更高一點？

要怎樣和金錢這位「老兄」相處？

為了爭權奪利而假借仁義，這種人即使穿著雪白的衣服、駕著華麗的馬車，我看還是不如貧困一點比較好。

現代資本主義社會，「貧富差距」往往是最大的問題。其實這個問題自古以來就有了，而且同樣地，大約只有不到萬分之一的人是富的，其他只是不同層次的窮（記得嗎？中國到目前還在努力要進入小康社會而不可得）。

由此看來，現在讀著這本書的你，很可能是「相對貧窮」的，而且短期內好像也沒有致富的可能（有嗎？那加個Line吧！），那麼不妨來看看古人對於自己的窮，又是如何看待、如何處置的，有沒有一點參考價值？

我們現在都說貧窮貧窮，其實貧和窮是不一樣的：貧就是單純的沒錢，窮卻有走投無路的意思。如果只是貧還沒關係，但是如果到了窮的地步，所謂山窮水盡、所謂窮途末路，那好像連一點希望也沒有，看來就比較嚴重，似乎難以挽回了。但是貧，也就是沒有錢這件事，一定就是壞事嗎？反過來說，有錢就一定是好事嗎？先別急著搶答（又沒有獎金）！我們來看看原憲和子貢的例子。

開名車、穿名牌，就值得羨慕嗎？

原憲和子貢都是孔子的學生。原憲住在魯國的時候，家徒四壁，屋頂會漏雨，門窗上也有洞，但是他都不Care。

子貢因為很會說話，有機會做了大官，對人就神氣起來了。有一天子貢去看原憲，他坐的大車子剛到巷口，就卡住進不去了，子貢只好下車用走的。

子貢看到原憲站在門外，連鞋子的後跟都掉了，就說：「你還是這麼窮啊，近來身體好嗎？」

原憲說：「我很好啊！」

子貢進門坐下來，看到地上有點潮溼，空氣裡有股霉味，就有點坐立不安。

原憲笑著說：「一個人如果太貧困固然不好，但是如果為了迎合世俗而放棄理想，為了爭權奪利而假借仁義，這種人即使穿著雪白的衣服、駕著華麗的馬車，我看還是不如貧困一點比較好。」

子貢低下頭去，無話可說。[1]

其實這正是自古以來說的：錢固然要賺，但不能謀取「不義之財」。賺錢是好事，但是不能為了錢而違背世俗的道德、個人的良心，尤其是曾有的抱負跟理想……因為一般人賺錢，只是出賣自己的知識或者勞力；而如果為了賺錢，出賣了自己的良知和靈魂，那付出的代價未免太高了。

或許現在過著富足甚至奢華的生活，但是回首前塵，你有沒有變成自己當年所看不起的人呢？例如奸商、例如政客、例如欺世盜名、例如不擇手段……如果是用這一些方式脫離貧困，那恐怕就不是力爭上游，而是掉進了另一個深淵。

更重要的是：富裕不是用來炫耀的。子貢穿著雪白的衣服、駕著華麗的馬車，就像現代的有錢人一身名牌、開名車、住豪宅……唯恐別人不知道自己有錢，其實就是在

「炫富」而已。然而一個有錢人如果只關注自己擁有多少，而不在意為社會、為別人付出了多少，那就是「為富不仁」，確實沒有什麼好尊重、更沒有什麼好羨慕的，說一句不客氣的話：「再有錢也是你家的事，又怎樣？」

追求財富前，先想想要付出的代價

這當然不是說人不應該想辦法有錢，關鍵在於用什麼方式賺錢，以及有了錢之後的態度。像列子（對，就是愛跟莊子辯論的那一個）住在鄭國，他的生活也很貧困。

有一個人看見列子面有菜色，覺得他好可憐，就跑去對宰相鄭子陽說：「列子是個有道之士（有修養、有本事的人），他住在鄭國，又這麼貧困，難道你不怕人家罵你不懂得任用賢能嗎？」

鄭子陽聽了，就叫人送了一些公家的米來給列子。

結果列子竟然不接受，送禮的人走了以後，列子的老婆就罵他說：「我聽說和有道之士住在一起，生活會很快樂。但是我和你在一起，卻難過得很。剛才宰相派人送米來給你，這是人家的好意呀，你為什麼不接受？」

列子笑著說：「宰相送米給我，並不是他真的了解我、看重我而送我米；他只是聽了別人的話，才送我米的。那你想想看：宰相能夠聽了人家一句話就送我米，那麼將來誰能保證他不會聽了人家一句話，就把我抓起來呢？」[2]

這就是所謂的「君子愛財，取之有道」，如果這位宰相真的重視人才，他應該召見（更有誠意的話就親自求見）列子，聽一聽他的抱負跟理想：對國家大事的建言、對國際環境的分析（別忘了那是有很多個國家的戰國時代）、如何治理人民、如何繁榮國家、如何規劃未來……如果真的很有一套，就請列子出來做官幫忙治理國家；如果他不願意，也可以重金禮聘他做國師（也就是國策顧問）；如果連這個也不願意，那也可以奉上豐厚的酬勞，表示自己對人才的器重——這才是列子、包括那個時代的有志之士真心期望的吧？

如果只是聽了別人的話，隨便送點米就想打發掉，那列子說的沒錯，改天這個宰相聽了別人的話，也許會叫人來砍他的頭也不一定。

這就是我們在追求財富的過程中，特別要注意的：你憑什麼賺這個錢？人家為什麼要給你這些錢？你拿這些錢自己付出的代價是什麼？可能讓別人甚至整個社會付出的代價又是什麼？這些都想清楚了，你才能心安理得地賺錢，而且能夠繼續朝自己的目標與理想前進，而不是變成了原先你自己都討厭的那種人。

哦 By the Way，鄭子陽後來因為搞政變，被老百姓殺掉了。

史上排名第一的貧困哲人

講到貧困，那「史上排名第一」的當然是顏回了，連經常稱讚他勤儉刻苦的孔子，有一次也實在看不下去，對他說：「孩子你過來，我看你住的那麼簡陋、吃的那麼粗劣，為什麼不去做官、賺點錢改善生活呢？」

顏回說：「老師，可是我不想做官啊！我在城裡有一些薄田（土地不是很豐饒的田），多少有些收成，平常煮稀飯來吃，也就夠了。我在城外還有一些地，種些桑樹，供應自己要穿的衣服鞋子也就夠了。其他空閒的時候，我就彈彈琴，跟老師談談大道理，這樣我就很滿足了呀！何必再那麼辛苦去做官呢？」

孔子說：「嗯，這樣很好，知足常樂的人就不會為了追求功名利祿而勞苦了。」[3]

無獨有偶，亞歷山大大帝也曾聽說一個很賢能的人，就派了使者去見他，那時候這個人正坐在地上晒太陽，使者跟他說：「大帝問你有什麼願望，他都可以滿足你。」那個人抬頭看使者一眼，只回答了一句：「我的願望就是你不要擋住我的陽光。」③——太帥了吧！可見得當一個人無所求的時候，任何外界的事物都無法動搖他。

至於在東方，大家會想到的類似角色，應該就是陶淵明了吧！陶淵明原本也在做官，如果他能夠順應當時官場的氣習，逢迎拍馬，甚至貪汙聚斂，或許也能夠扶搖直上，做到更大的官、賺到更多的錢……但是他忍不下這口氣，「不為五斗米折腰」，回家種田去了。從此過著「採菊東籬下，悠然見南山」，反而立下了古來文人的一種典範。

這讓我想到很多「北漂」的青年，為了賺錢而到北部的大城市裡求職，一來工作非常辛苦，二來生活的開銷也很大，所以既存不了什麼錢、也沒有享受到生活，只是帶著一個虛無縹緲的夢，日復一日庸庸碌碌地生活著，不知伊于胡底（抱歉，又在賣弄學問了，就是不知道哪天才到個頭的意思），午夜夢迴時捫心自問：自己就要這樣子度過半生了嗎？

於是，有一些年輕人毅然決然回到家鄉，或者從事小農，或者開個小店，或者幫忙營造社區，甚至設法自給自足……他們可能都賺不了大錢，但是一來生活的花費和慾望都降低了，二來做的是自己真正喜歡的事，比起大富大貴、揮金如土的人，他們仍然算是比較「貧」的，但他們一點也不「窮」：因為他們非但不是無路可走，反而是走在自己嚮往的康莊大道上，如果問他們現在的生活是不是比以前快樂，答案絕對是肯定的。

值得思考的問題來了：是做自己不喜歡的事賺很多錢比較好呢？還是做自己喜歡的事賺不多的錢比較好呢？——不管你怎麼回答，請千萬不要騙自己「等我賺了足夠的錢再來做自己喜歡的事」，別忘了，你未必有那個時間，更未必還會一直有那個心。

不居功、不受賞的屠羊說

最後來看一個比較沒有名氣，但更有智慧的人的例子：

楚昭王逃亡的時候，屠羊說（讀音悅，就是一個負責宰羊的人，名字叫做說）也跟

③第歐根尼，古希臘哲學家，犬儒學派代表。相傳生卒年為西元前四一三年至三二三年。

著他一起流亡。

等到攻打楚國的吳國軍隊退走之後，昭王回國封賞那些共患難的功臣，名單中也包括屠羊說在內。

屠羊說卻對來封賞的使者說：「大王逃亡的時候，我就放棄了屠羊的工作；現在大王回國了，我也恢復了屠羊的職位，幹嘛要封賞我呢？」

使者說：「你跟著大王流亡，也很辛苦啊，就算接受一點封賞，並不過分嘛！」

屠羊說回答：「大王逃亡，不是我的罪過；大王回國，也不是我的功勞。所以我不會受處罰，也不接受封賞。」

使者回去報告昭王，昭王就下令屠羊說來見他。

使者又來到門口了，屠羊說卻說：「根據楚國的法律，要有大功受重賞的人，才能晉見大王。當吳國的軍隊侵入我們的首都的時候，我的智慧不足以保住大王，我的勇氣不足以嚇退敵人，就算我跟著大王，也是因為怕被吳軍殺死才逃亡的。我半點功勞也沒有，怎麼可以不顧國法而去見大王呢？」

使者「沒法度」（臺語，沒辦法），只好再去回覆昭王。

昭王聽了以後，對司馬子綦說：「這個屠羊的人，地位雖然很低，講的道理卻很不凡，你去把他找來，我給他個卿相做吧！」

司馬子綦奉命去見屠羊說，得到的回答卻是：「卿相的地位，當然比我屠羊的地位要高貴多了；萬鍾的俸祿，也比屠羊的收入要高得多。但我只是個會屠羊的人，給我這麼高的位子、這麼多的俸祿，到底要我做什麼呢？」[4]

這個故事也告訴了我們：在追求金錢的道路上，除了要知足，更要有自知之明。突然給了你很高的位子、很高的待遇，當然是一件求之不得的好事，但這時候一定要冷靜下來想一想：為什麼人家給我這麼多錢？給我這麼高的位子？那是不是相對的也對我有很高的期望、很多的要求？那我有沒有把握一定做得到？為了要做到我會不會把自己弄得很辛苦？這麼辛苦的代價真的值得我付出嗎？萬一我達不到目標、讓人失望，我現在得到的位子和待遇會不會「轉眼就成空」？

臺語有一句話：「沒那個尻川（屁股），就不要吃那個瀉藥。」雖然有點粗鄙，卻非常傳神，這個社會多少人的失敗，不是因為不夠努力，而是因為自不量力。職位帶來金錢，職位也帶來負擔，如果你不能「勝任」，你就無法「愉快」，而這是再多的金錢也無法彌補的。

舉個最常見的例子：你很羨慕臺積電的工程師嗎？聽說賺好多好多的錢哦。但我所認識的臺積電工程師，每一個都是用「爆肝」在換取他們的高收入、好生活……沒錯！他們絕對不是貧困的人，但他們到底有多少人真的覺得快樂，那可能是個大大的問號。

有一位大企業家，看到有一個人在海邊釣魚，就忍不住跟他說：「你這樣釣魚太沒有效率了，你應該用漁網捕魚，賺了錢之後去買一艘小漁船，然後逐漸發展、擴大，最後你可能擁有一個遠洋船隊，建立起自己的漁業王國……」

「然後呢？」釣魚的人抬頭看了他一眼。

「然後你有了很多的錢，就可以退休過好日子，悠閑地到海邊去釣魚了呀！」大企業家說。

「可我現在不就在做這件事了嗎？」釣魚的人回答，繼續凝視著平靜的海面。

這是一個很有名的故事，這個故事也不是要大家自甘於平凡甚至貧困，而是應該先努力積累自己的能力，然後再去追求能夠勝任而且符合理想的工作，不是靠運氣、靠關係而是靠實力在「江湖」中闖蕩。而且在這個過程中尤其不能失去原則，讓自己的人格在不知不覺中變了調，像那些原本要「為民喉舌」，如今卻「身陷囹圄」的立委們，就是最強烈的警惕！

而在得到足夠維持生活的金錢之後，也不應該用來向別人炫耀，而是盡量知足、低調，如果能用多餘的金錢來幫助別人，那當然更有意義；而不讓自己的人生淪為對金錢無止境的追求，那更是時時都要在腦中響起的一句警鐘。

「我沒有很多錢，但是我很快樂。」在現代資本主義的社會中，你要是有自信說出這句話，就是贏家！

延伸話題

貧和貪

老人家常告訴我們：如果你碰到了一件事情，覺得「怎麼會有那麼好的事呢？」，那很簡單！「就是沒有那麼好的事。」這件事如果不是在騙你，就是會要你付出沉重的代價。

已經幾十年了，所謂的「龐氏騙局」還在周而復始地發生著：反正不管用什麼名目、用什麼方式，簡單說就是要你拿錢出來，然後保證付給你極高的利息，可能高到年息百分之十、二十、甚至三十都有……於是你高高興興地拿錢出來，果然領到了這麼高的利息，這真是太好賺了！這比你辛苦地工作，或是努力地投資，報酬率都要高得多了。

於是你食髓知味，想辦法去籌、去借更多的錢，甚至去慫恿親戚朋友一起來參加（更妙的是：你如果找人來參加，你得到的利息還會更高），於是你就不斷地領著這樣高的收入，幻想自己有一天成為千萬富翁，從來沒有冷靜下來想一想：「世界上怎麼有這麼好的事呢？」

道理很簡單，拿了你的錢的人，到底去從事什麼行業、參與什麼投資，可以賺到這麼高的利潤呢？那豈不是比許多國際知名的企業更厲害嗎？他們到底在做什麼不會讓你很好奇嗎？退一萬步說，就算他們真的能賺到這麼多錢好了，那麼現在銀行的利息低到只有百分之一、二，他們為什麼不去跟銀行借錢、然後自己來大賺特賺這些錢就好了？卻這麼好心要找陌生的你來分享這些高額的利潤，難道他們是在做慈善、做公益嗎？

你會說（或者找你參加的人會說）：可是他們真的就有給這麼高的利息呀！並沒有騙人呀！他們當然可以給這麼高的利息，因為那些錢就是你給他的呀！你給他的金額是百分之百，他就算付你每年百分之三十，也要三年多才會把你的錢用完，何況後面源源不絕加入的人所交的錢，還可以繼續用來付利息給之前參加的人……所以這個騙局短時間內是不會被揭穿的，等到再也吸收不到新的資金（也就是再也找不到新的老鼠了），主事者也已經把大部分錢移轉出去之後，「砰！」的一聲宣告倒閉、人去樓空，「春夢了無痕」，除了你已經領到的那一部分原本就是你自己的錢，你什麼也沒得到，多年辛苦工作的收入付諸流水，甚至還可能留下一筆巨額的債務，需要你終身償還。

而類似這樣的騙局一而再、再而三地在世界各地上演，為什麼總有不理智、不清醒的人會受騙呢？其實他們的眼睛就是被一個「貪」字所蒙蔽了，只要看一下到處都有的銀行廣告詞：「本基金利息之來源可能來自於本金」，不就再清楚也不過了嗎？連合法的基金都這樣說了，何況是那虛無縹緲的所謂「高利益投資」呢！

哪個字長得和「貧」字最相像呢？嗶～答對了！就是「貪」字！

你會做人嗎？做人真的很難嗎？

現在你的行為，就好像拿著智慧的光華，去照亮別人的汙穢，來顯示你的清白。你這樣做，當然人家就容不下你了。

我們常常聽說一個人被說是「很會做人」或是「會做事、卻不太會做人」，但是既然生而為人，只要活著就已經在「做人」了，哪有什麼會不會的呢？

原來我們在做的這個「人」，不是我們自己這個人，而是我們身邊所有的人：如果我們跟大多數人處得好，就是會做人；相反地，不太能夠得到人家的好感或是好評，那就是不會做人囉！

問題是「人有百百種」（臺語），難道對每個人我們都要討好他、順他的意思才是會做人嗎？那樣活著也未免太辛苦，簡直像是有一百個婆婆的媳婦，光是用想的就快累死了——也可見得做人一定不只是光討好別人而已，顯然還有別的「楣角」（臺語，訣竅之意）。

楣角一：做人不要太「囂掰」

吳王渡江之後，來到一座山上。

山上有很多猴子，牠們看見有生人來了，紛紛躲到深山裡去了。其中只有一隻猴子在樹上跳來跳去，一點都不怕人。

吳王見了，就張弓射牠。那隻猴子很靈巧，閃一下就躲開了；吳王連續射了好幾箭，都奈何不了牠。

於是吳王就叫身邊的手下一起放箭，一轉眼就把那隻猴子射死了。

吳王對顏不疑（人名）說：「這隻猴子雖然靈巧，但是就因為誇耀自己的靈巧，所以送了性命。」

顏不疑回去以後，就拜董梧做老師，三年不出門，來去除自己驕傲的習性。[1]

看來吳王也很會「機會教育」，甚至不排除是故意射這個猴子給顏不疑看的。想來這個顏某是有一些本事的，才能跟隨在吳王身邊，但一般有本事的人難免有些驕傲、看不起別人，也就很容易遭到猜忌、排斥，反而成了團體裡不受歡迎的角色……吳王這麼做大概是在提醒顏某不要太「囂掰」（臺語，囂張），否則如果處處被大家排擠，就算真的想做什麼事也很難成功，吳王也很難繼續重用他。

每個人都想表現良好、超越別人，得到大家的讚美與尊重，問題是能夠得A＋的畢竟是少數，而如果因為自己成績（或績效）好而洋洋自得，甚至表現出看不起別人的樣子，大多數表現平庸的人自然會嫉恨你、抵制你，甚至設法破壞你的名聲。

雖然古人說「不遭人嫉是庸才」，但越是表現出色的人，而更應該謙和有禮，不讓別人感受到壓力，或是自慚形穢。這樣子至少可以在團體中維持和諧的關係，別人縱然不能成為你的助力，但也千萬不要讓他們變成阻力……自古以來，許多人自認英明卻一事無成，往往怪罪於無人賞識或運氣不佳，卻從來沒有檢討過自己就像那隻過度誇耀靈巧的猴子，在人生的戰場上早已經被亂箭射死了。

記得我小時候功課很好，考試必定是第一名，老師指定我當班長，模範生當然也是我……我自以為比別的同學都厲害，當然不用對他們太過客氣，動不動就會對他們說：「阿這個很簡單啊！」「你們怎麼那麼笨哪？」「欸講了你們也不懂啦！」同學們大多唯唯諾諾，也不敢還嘴，我還以為他們都很佩服我。

但是有一次老師不在，他們就忍不住「起義」了，集體霸凌我，雖然沒有傷害我的身體，卻用了許多難聽的話辱罵我，讓幼小的我十分震驚。

老師也很緊張，事後還特別到我家向我爸媽道歉。但是爸爸問明事情經過之後，什麼也沒說，第二天上學的時候，叫我帶一大包糖果去分給全班同學吃。

我心裡雖然不太服氣，心想怎麼壞孩子沒有受到應有的處分，但還是照爸爸的吩咐做了。沒想到同學們吃到平常難得嘗到的糖果（在那個時代是很難得的！請把時光倒推五十五年），而且很意外地並沒有受到老師的處分，從此對我的態度就變得比較溫和了。

我好像多少也體會了這其中的道理，不但偶爾會帶好吃的分給大家，還會把心愛的漫畫書帶來給大家看，後來還發現幫助同學做功課也不錯，甚至也能跟功課不好的同學「稱兄道弟」……慢慢地發覺大家似乎越來越接納我了，我也越來越覺得自己沒有什麼了不起，值得高興的反而是可以跟大家打成一片，這是比考第一、當班長、當模範生更值得高興的事呢！

後來老師開放全班票選班長，我竟然高票當選，在大家高興地簇擁著我的時候，我隱隱約約好像懂得了一點做人的道理。

我小時候就懂了的道理，有的人老大不小了卻還不明白，「做人失敗」指的大概就是這種人吧！

楣角二：「虛心」了，才能「受教」

再來說楊朱，他想跟老子學道。

沒想到老子一看到楊朱就嘆氣說：「你這個人真是無可救藥。」楊朱聽了，一聲都不敢吭。

兩個人到了旅舍之後，楊朱恭恭敬敬地替老子準備好毛巾臉盆，侍候好老子之後，才趴在地上向老子請罪。

老子說：「看你那一副跋扈的樣子，人人見了你都會害怕，你還想修什麼道？」

楊朱急忙說：「我一定遵從老師的指教，好好地自我反省。」

楊朱剛到這家旅舍的時候，主人很害怕得罪他，客人也不敢和他在一起，只要看到他來就紛紛讓開。

但是過了一陣子，楊朱要離開旅舍的時候，態度已經大大改變，旅舍的每個人都和他很親熱，甚至搶著要跟他坐在一起。[2]

楊朱可能沒有跟小時候的我一樣，拿糖果和漫畫書給大家分享，但很顯然他對人的態度是不一樣了：想像一個辯才無礙、咄咄逼人的讀書人，忽然變得對人很客氣，講話也很謙和，甚至不吝於讚美別人，當然會受到大家的歡迎啊！

也可見得：做人並沒有那麼難，未必要處處討好別人，只要完全用平等心來對待他人，正所謂「滿招損，謙受益」，別人對你的回饋，一定會讓你收穫滿滿的。

所以老子其實沒有真的教楊朱什麼，只是去除他的驕傲而已，而一個有本領的人只要沒有了驕衿之心、傲慢之態，「虛心」了之後，才能夠真的「受教」，也才能繼續進步、邁向成功。

楣角三：唱高調會被討厭

孔子周遊列國，被圍困在陳、蔡之間，因為缺乏糧食，有七天沒有開伙吃飯。

太公任前去問候他：「你這次幾乎遇害了嗎？」

孔子說：「是的。」

太公任又問：「你討厭死亡嗎？」

孔子回答：「那當然！」

太公任說：「我不是對你說過避免危害的道理嗎？東海有一隻鳥，叫做意怠。這隻鳥看起來好像沒有什麼本事：飛行的時候，還需要別的鳥來帶領；棲息的時候，牠要混在鳥群之中；吃東西的時候，也不敢搶先；所以牠一直能夠保住性命。你看那長得直的樹木，最先被砍掉；甘甜的泉水，最先被人家取光；這是很明白的道理。現在你的行為，就好像拿著智慧的光華，去照亮別人的汙穢，來顯示你的清白。你這樣做，當然人家就容不下你了。」

孔子聽了以後大為覺悟，就辭別了朋友，離開了弟子，獨自到山林裡修道去了。[3]

這個故事顯然又是莊子在吃孔子的豆腐，但是也不完全沒有道理：孔子在那樣的滔滔亂世倡禮法、講仁義，確實是有一點在「唱高調」，尤其老是覺得別人沒有眼光、自己懷才不遇，說難聽一點，簡直就是在「自命清高」。

而當一個人被大家這樣定位的時候，或許還能擁有一群忠實的「粉絲」，可是真正有影響力的人卻覺得你的一言一行似乎都是對他們的反諷，即使表面上不方便（或者沒能力）反對你，但也絕對不會真心誠意認同你、幫助你，不在背後說壞話、扯後腿就不錯了。

記得有一次朋友聚會，忽然有人問到書本的蝴蝶頁是什麼意思，大家面面相覷，我就把自己所知道的都說了；本來這也沒什麼，壞就壞在有人很佩服地問我「你怎麼知道？」，我竟然輕率地回答說：「這是常識啊！」——這下ＧＧ了！我這樣不等於是在嘲笑他們都沒有「常識」嗎？光因為這句話，這些朋友對我的態度都變了，雖然還不到「翻臉」，但顯然已經不太想「見面」。

我懊悔不已，後來常常在想，當時我如果說：「沒有啊，就剛好不小心在書上看到的，這種知識也沒什麼用，好玩而已。」朋友們應該都會覺得舒服自在多了。說來說去，如果能夠「視己如人」、「待人如己」，那麼「做人」也不過就是真心誠意、完全平等地對待別人（當然也就會多為別人著想）而已。

當然一個人在某些方面表現傑出，難免自覺不同凡響，很難把不如他的人完全當作「跟我是一樣的」，偶爾流露出高人一等的神情，或輕視對方的言行，似乎也在所難免。就像有很多「博士」，只要提到其他「非博士」的人，臉上就會不由自主地露出一絲輕蔑，卻沒有好好想過：博士只不過是一個學歷而已，有需要變成一個頭銜，整天掛在自己「頭上」嗎？可見得關鍵不在於這個人的成就到底有多高，而在於有沒有一種「自以為了不起」的傲慢心態。

其實所謂「一山還有一山高」，不管在任何領域裡，都有人比你厲害。例如我愛讀書，自己覺得書讀的也不少，但是看到某些作者涉獵之廣，引經據典、運用自如，才知道人家才是真正書讀得很多的，而且重點是：他從來不刻意對人強調這一點，只是從字裡行間自然流露出來而已。

雄偉大國，只不過是蝸牛的一根觸角

我們來看莊子所舉的另一個有趣的例子：

魏惠王和齊威王互相結盟，不久齊王先違背了盟約，魏王很火大，想要出兵懲罰對方。

那時候惠子正在魏國，就叫戴晉人去見魏王。

戴晉人對魏王說：「有一種叫做蝸牛的小動物，大王你知道嗎？」

魏王說：「知道啊！」

戴晉人說：「有一個建國在蝸牛的左角上的，叫做觸氏；另外一個建國在蝸牛的右角上的，叫做蠻氏。觸氏和蠻氏常常為了爭奪土地，互相攻伐，死傷的人動不動就有好幾萬；軍隊互相追趕，一來一往也常常要半個多月。」

魏王說：「你這是在胡說吧！哪有這種事？」

戴晉人說：「大王你以為我在胡扯嗎？讓我證實給你看：我問你：天地四方有邊際嗎、有窮盡嗎？」

魏王回答說：「當然是無窮無盡。」

戴晉人說：「好啊！在天地之中有一個魏國，魏國中有個大梁城，大梁城中有個宮殿，宮殿中有個大王，那請問大王和蝸牛角上的觸氏或蠻氏有什麼不同嗎？」

魏王聽了以後，惆悵了很久，都回答不出來。[4]

這就呼應了莊子第一篇所提到的「相對論」：比起廣大無垠的宇宙，比起地球悠遠的歷史，我們人類不管達到什麼樣輝煌的成就，都只是「滄海之一粟」，相形之下是非常渺小的；而所謂的雄偉大國，也只不過像是蝸牛的一根觸角；更不要說是個人所能建立的那一點點功業了，簡直連一粒灰塵都比不上……這樣看來，還有什麼好自以為了不起的？還有什麼好看不起別人的？

最成功的做人，就是努力讓自己達到比較高的境地（不管是從哪一方面來說），卻不讓其他人絲毫有一點覺得他不如你，而且很清楚世上還有許多人是在自己之上的——如果能有這樣寬廣的胸襟、「容人」的雅量，應該就是最好的立身處世之道了。

延伸話題 **蝴蝶頁**

「蝴蝶頁」是指以前的書本，因為還沒有裝訂的技術，所以印書的時候，是印在一張很長很長的紙張上，然後再把這張紙摺成很多折，每一折好像現在書本上的一頁，是可以翻閱的，但如果整個打開來，就變成了封面和封底之間長長的一張紙（如圖一），有一些佛經現在還是用這樣的方式印刷的，這個就是以前所說的「蝴蝶頁」。

而現在的書已經是用紙張裝訂成冊，當然就沒有古代的這種蝴蝶頁了，但是在書本的封面封底和本文之間，會加上一兩頁空白的（可能有色彩，但是沒有圖文）紙張，例如你請作者在書上簽名的時候，他可能就會簽在這個地方。而這些紙張，現在也被叫做「蝴蝶頁」（如圖二）。

至於當初為什麼叫做蝴蝶頁，有可能是因為整張長長的紙攤開的時候，有點像是蝴蝶翩翩飛舞，但也可能有別的原因，甚至沒有什麼理由，只是有人隨口這樣叫而已——你看這個知識，其實沒什麼大不了的，知道了也不怎麼樣，只是讓我們更理解世上的知識是無窮無盡的，永遠在等著我們去追求。

知道的越多，你的人生越豐富；但是知道的越多，你也就更理解你不知道的更多……這不就自然使人起了謙遜之心，更不會用驕慢的態度去對待任何人了嗎？

圖一：從前的蝴蝶頁，展開是一張紙。

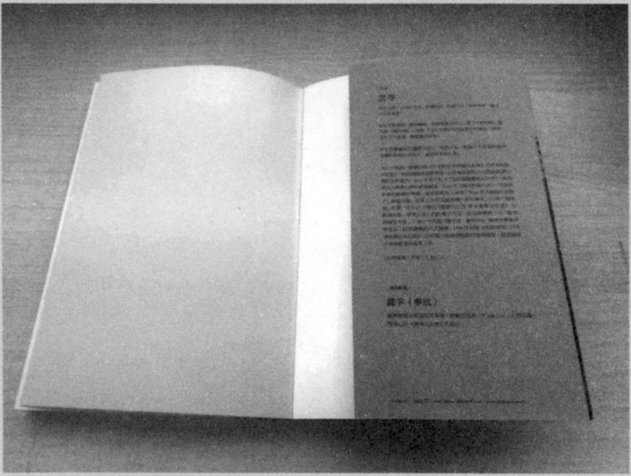
圖二：如今的蝴蝶頁是放在書封與內文之間的扉頁。

沒想到莊子還是一個劍客！

讀《莊子》已經到尾聲了，我們讀過的大部分不是神話、就是寓言，雖然也都生動有趣、富含哲理，但最後竟然在書裡面出現意料不到的武俠情節，也可見莊子想像力之豐富遼闊。

莊子是個讀書人，堅持不願意做官，卻一度做過劍客，你一定沒想到吧？第一個反應應該跟我一樣：「真的假的？」

莊子的三把劍

話說趙文王喜歡劍術，於是各國的劍客就都聚集到趙國來了，宮廷裡面居然一共收容了三千多個劍客。

趙王要這些劍客日夜不停地比劍，三年下來，死傷無數，但是趙王仍然樂此不疲。

各國的諸侯看到趙王日夜沉迷劍術，覺得有機可乘，就開始圖謀奪取趙國的土地。

趙國的太子聽說諸侯的陰謀之後，憂心如焚，就決心請一個人出來勸阻父王。

太子和左右祕密商量這個計劃，他的屬下說：「有一個人，如果能請得到，一定可以阻止大王。」太子問是什麼人，答案是「莊子」。

太子就連忙派人去請莊子過來。

莊子見了太子，說：「聽說太子對於大王沉迷劍術，很傷腦筋，是這樣嗎？」

太子皺著眉頭說：「是這樣沒錯！」

莊子說：「那就讓我去見見大王，看看能怎麼辦吧！」

太子說：「是可以，但是大王現在心中只有劍客，其他人他一概不接見。」

沒想到莊子說：「沒問題！我的劍術也很高超。」

太子說：「可是大王所喜歡的劍客，都是滿頭亂髮、言語粗俗，比劍的時候頭盔戴得緊緊的，兩隻眼睛瞪得比牛眼還大。大王認為這樣才有劍客的氣勢，像你這樣一副文縐縐的樣子，大王不會喜歡的。」

莊子說：「那你就幫我做一套劍客的服裝吧！」

於是太子就幫莊子訂做了一套劍客的服裝，莊子在太子府裡休息了三天，才和太子一起去見趙王。

莊子進了宮殿大門，慢慢走到殿上，看到趙王竟然也不下拜。

趙王看到莊子打扮成一副粗里粗氣的樣子，覺得很喜歡，就問：「你的劍術很好嗎？為什麼能勞動太子為你引薦呢？」

莊子大聲回答：「我的劍術在千里之內沒人能夠阻擋，敢阻擋的，我十步之內就可以把他殺掉！」

趙王一聽，高興得跳了起來：「那你是天下無敵囉！」

莊子說：「劍術高強的，要先故意露出自己的破綻引誘敵人，當敵人一劍刺來的時候，我已經意在劍先，趁著敵人門戶大開的時候，身劍合一，劍出如風。我敢說只要我一動手，對手沒有不躺下的。大王如果想開開眼界，現在就讓我試劍吧！」

趙王連忙揮手阻止：「且慢！你的劍術太高了，不必這麼隨意就顯露出來。請你回去府中休息，七天之後，我再正式請你來參加比劍大會。」

然後趙王就精選他的劍客，一連比試了七天，死傷了六七十個人，然後選了五六個最厲害的，來和莊子比劍。

比劍的那一天，莊子如約來了，趙王說：「今天請你來比劍好嗎？」

莊子說：「我已經等很久了。」

趙王說：「那你想要用多長的劍呢？」

莊子說：「我用劍長短不拘，但是我有三種不同的劍，請大王幫我選一種，讓我比劍。」

趙王問：「是哪三種劍呢？」

莊子回答：「我有天子之劍、諸侯之劍和庶民之劍，一共三種劍。」

趙王問：「那天子之劍是怎樣？」

莊子說：「天子之劍是用燕谿、石城做劍鋒，用齊國的泰山做劍稜，用晉國和魏國做劍刃，用周和宋做劍環，用韓國和燕國做劍把，用四夷做劍鞘，用渤海做劍穗。這把劍一拔出來，向上可以劈開浮雲，向下可以斬斷地根，天下沒有人不服，這個叫做天子之劍。」

趙王又問：「那諸侯之劍呢？」

莊子說：「諸侯之劍，是用聰明的人做劍鋒，用清廉的人做劍稜，用賢良的人做劍刃，用忠誠的人做劍環，用豪勇的人做劍把。這把劍一使出來，周邊的人都會臣服，好像雷霆一樣威震四方，這叫做諸侯之劍。」

趙王再問道：「那庶民之劍又是怎樣的呢？」

莊子說：「庶民之劍，就是滿頭亂髮、說話粗俗，比劍的時候，頭盔戴得緊緊的，兩眼瞪得比牛眼還大。這種劍一出手，上砍對方的腦袋，下刺敵人的心臟，就跟鬥雞沒有什麼不同。一旦把命送掉了，就對國家一點用都沒有了。」莊子看看旁邊他所形容的這些劍客，下了結論：「沒想到大王喜歡的竟然是庶民之劍，實在是太可惜了！」

趙王聽了這番話，面如死灰，茫茫然地坐在地上，一時不知道如何是好。不過他終於想通了莊子說的三種劍，於是從座位上走了下來，牽著莊子的手走上大殿，對劍客們說：「今天的比劍到此為止，你們都退下吧！」

趙王幫莊子準備了豐盛的大餐，請莊子上座，自己卻繞著桌子走了三圈，心一直定不下來。

莊子說：「大王請定下心來坐下吧！劍術的事我已經說完了，就此告辭。」

從此以後，趙王再也不談起劍術的事了，也不再理會那些劍客，整整三個月沒有出宮門一步。那些劍客看到趙王不再理他們，都氣得半死，陸陸續續全部都離開了。[1]

哇！你是不是覺得被「唬爛」了？原來莊子這個自稱天下無敵的劍客，還是只出一張嘴而已。不過對於經常嘲笑孔子愛作官的莊子來說，這已經是他最大程度的「參政」，而他這麼做的目的，是想讓天下的諸侯都知道：處於什麼樣的位子，就應該有什麼樣的抱負和作為，而不是沉迷於一些雕蟲小技或是傷身的利器。如果擁有天下的人不能以蒼生為念，那麼很可能治理無方，而造成民不聊生。

身處在亂世的莊子，表面上放蕩狂狷、無所在乎，其實是有一顆悲天憫人的心，所以才藉著這般作為（或是這個故事）來警醒有權位的人，應該要走的不是像劍術或者權術這種邪魔外道，而是能夠治國平天下照顧百姓的大道。

或許你會覺得莊子也太炫了吧？連劍客比劍這種爭強好勇的事，也講得出這番大道理來。而其實道家所謂的「道」，本來就是無所不在的，一花一草、一砂一石，也都自有可以了解、體悟，而得到啟發的地方；換句話說，天地之大、人間之廣，到處都有我們可以學習的地方。

道在屎尿之中

最後，我們就用「道在屎尿（原文是溺，音同尿，義也同尿）這一段，來作為總結：

東郭子問莊子說：「你所說的道究竟在哪裡？」

莊子說：「道是無所不在的。」

東郭子說：「請你明白指出一個地方吧！」

莊子說：「道就在螻蟻身上。」

東郭子說：「怎麼會那麼卑下呢？」

莊子又說：「道就在雜草的裡面。」

東郭子說：「怎麼越來越卑下了呢？」

莊子再說：「道就在磚瓦裡面。」

東郭子說：「怎麼又更卑下了呢？」

莊子最後說：「道就在屎尿裡面。」

東郭子無話可說了。

莊子這才說道：「你問的話，離開大道實在太遠了。以大道來觀看萬物，萬物是沒有貴賤之分的。螻蟻、雜草、磚瓦、屎尿都是一樣的，他們如果不合乎道，就根本不可能存在，所以我才說道是無所不在的。」[2]

世上一般人往往把「道」看得很高，也很尊敬所謂「修道」的人，更是崇拜「有道之士」。但是道並不是高高在上的，世間萬物其實都是道的變化，所以也沒有高低貴賤的差別，不只對萬物如此，對人更是如此。

莊子用的是最淺的比喻，東郭子卻以為他在開玩笑，莊子的比喻「每下愈況」（越來越糟糕，也就是這句成語的由來），就是要告訴大家：即使在世俗認為最卑下的地方，道還是存在的。

那麼既然道是無所不在的，我們就不該停止對這個世界的認知，不該停止對所有知識的追求，也不該停止對所有人生道理的體會……如果真能做到這樣，也可以算是一個「得道」之人了！

延伸話題

劍客吃什麼？

講到古代的劍客或是遊俠，大家可能是受到武俠小說和電影的影響，總覺得這些人遊走江湖、行俠仗義，很令人羨慕。但不知是否有人認真地想過：他們何以為生？

畢竟吃飯還是最基本的人生問題呀！一個人只會打架，呃，不好意思，我改說武藝高強好了，但除非你去當兵，或是參加武舉（最好是考個武狀元），否則好像也沒有什麼「出路」耶！

劍術再好，也不可能靠著在路邊表演舞劍，當一個「街頭藝人」維生吧？如果要靠比劍贏獎金，那也得有像現在的職業格鬥大賽才行，總不能在路上隨便拉一個人就要跟他比劍，那還不如直接行搶比較快。

有可能用得到武藝的，或許就是看家護院的保鏢，或是鏢局的護衛（有人記得很久以前的《保鑣》電視劇嗎？），但那就成了替有錢人服務的手下，也不可能自由自在地行走江湖吧！

那如果只是遊手好閒，除非本來就家財萬貫（可是你有沒有注意到：有錢人好像不會出來當劍客或是遊俠），每天到處晃來晃去，到酒樓或是客棧，也不可能因為你帶著一把劍，就一律獲得免費招待，否則不就成了白吃白住的流氓嗎？

就算真的運氣好，真的「路見不平，拔刀相助」（還是每到一個地方，就要到處打聽有什麼不平之事？），那被幫助的人通常都是弱勢的一方，也不太可能提供多麼豐厚的酬勞。假如只是靠自己的武術去幫人家擺平糾紛，得到一些報償，那和現代社會黑道的「圍事」又有什麼不同？

而且相信不管什麼時代，官府都不可能讓一般人身上帶著武器、大搖大擺地出入公共場所，一定會被當作土匪流氓看待；而如果又成群結黨，那不就是組織幫派、為非作歹了嗎？就算自以為是主持正義，那也是「私刑正義」，誰知道有沒有人被冤枉錯殺呢？說來說去，所謂的劍客、所謂的遊俠，不過是自以為代表正義的流氓罷了。

不然你告訴我：所有你崇拜的武俠世界裡的大俠們，他們主要的收入來源是什麼？他們對好壞是非的判斷，永遠都不會發生錯誤嗎？——真抱歉要這樣打破你對劍客和遊俠的幻想，不過古人早就說了：「俠者以武犯禁」，他們就是一群憑著自己武藝，不守社會規矩，自以為是正義化身的人。拿來當作茶餘飯後的娛樂是OK的，但如果信以為真、甚至還「心嚮往之」，那就不太妙惹。

附錄：《莊子》原文對照

第一章　何處是安身之所

大，不一定就是大，也不一定比較好

1：北冥有魚，其名為鯤。鯤之大，不知其幾千里也。化而為鳥，其名為鵬。鵬之背，不知其幾千里也；怒而飛，其翼若垂天之雲。（莊子．逍遙遊）

2：斥鴳笑之曰：「彼且奚適也？我騰躍而上，不過數仞而下，翱翔蓬蒿之間，此亦飛之至也。而彼且奚適也？」（莊子．逍遙遊）

3：小知不及大知，小年不及大年。奚以知其然也？朝菌不知晦朔，蟪蛄不知春秋，此小年也。楚之南有冥靈者，以五百歲為春，五百歲為秋；上古有大椿者，以八千歲為春，八千歲為秋。此大年也。而彭祖乃今以久特聞，眾人匹之，不亦悲乎！（莊子．逍遙遊）

有用沒用，重點在你怎麼用

1：惠子謂莊子曰：「吾有大樹，人謂之樗。其大本擁腫而不中繩墨，其小枝卷曲而不中規矩，立之塗，匠者不顧。今子之言，大而無用，眾所同去也。」莊子曰：「子獨不見狸狌乎？卑身而伏，以候敖者；東西跳梁，不避高下；中於機辟，死於罔罟。今夫斄牛，其大若垂天之雲。此能為大矣，而不能執鼠。今子有大樹，患其無用，何不樹之於無何有之鄉，廣莫之野，彷徨乎無為其側，逍遙乎寢臥其下？不夭斤斧，物無害者，無所可用，安所困苦哉！」（莊子．逍遙遊）

2：宋人資章甫而適諸越，越人斷髮文身，無所用之。（莊子．逍遙遊）

3：惠子謂莊子曰：「魏王貽我大瓠之種，我樹之成而實五石，以盛水漿，其堅不能自舉也。剖之以為瓢，則瓠落無所容。非不呺然大也，吾為其無用而掊之。」莊子曰：「夫子固拙於用大矣。宋人有善為不龜手之藥者，世世以洴澼絖為事。客聞之，請買其方百金。聚族而謀曰：『我世世為洴澼絖，不過數金；今一朝而鬻技百金，請與之。』客得之，以說吳王。越有難，吳王使之將。冬，與越人水戰，大敗越人，裂地而封之。能不龜手一也，或以封，或不免於洴澼絖，則所用之異也。今子有五石之瓠，何

不慮以為大樽而浮乎江湖，而憂其瓠落無所容？則夫子猶有蓬之心也夫！」（莊子·逍遙遊）

藏在裡面的，比露在外面的更長久

1：闉跂支離無脤說衛靈公，靈公說之；而視全人，其脰肩肩。甕大癭說齊桓公，桓公說之；而視全人，其脰肩肩。（莊子·德充符）

2：魯有兀者叔山無趾，踵見仲尼。仲尼曰：「子不謹，前既犯患若是矣。雖今來，何及矣？」無趾曰：「吾唯不知務而輕用吾身，吾是以亡足。今吾來也，猶有尊足者存，吾是以務全之也。夫天無不覆，地無不載，吾以夫子為天地，安知夫子之猶若是也！」孔子曰：「丘則陋矣。夫子胡不入乎？請講以所聞！」無趾出。孔子曰：「弟子勉之！夫無趾，兀者也，猶務學以復補前行之惡，而況全德之人乎！」（莊子·德充符）

勇敢一點，與眾不同又怎樣？

1：莊子與惠子游於濠梁之上。莊子曰：「儵魚出游從容，是魚之樂也。」惠子曰：「子非魚，安知魚之樂？」

莊子曰：「子非我，安知我不知魚之樂？」

惠子曰「我非子，固不知子矣；子固非魚也，子之不知魚之樂，全矣！」

莊子曰：「請循其本。子曰『汝安知魚樂』云者，既已知吾知之而問我。我知之濠上也。」（莊子．秋水）

2：惠子相梁，莊子往見之。或謂惠子曰：「莊子來，欲代子相。」於是惠子恐，搜於國中三日三夜。莊子往見之，曰：「南方有鳥，其名為鵷鶵，子知之乎？夫鵷鶵發於南海而飛於北海，非梧桐不止，非練實不食，非醴泉不飲。於是鴟得腐鼠，鵷鶵過之，仰而視之曰：『嚇！』今子欲以子之梁國而嚇我邪？」（莊子．秋水）

3：莊子釣於濮水，楚王使大夫二人往先焉，曰：「願以境內累矣！」莊子持竿不顧，曰：「吾聞楚有神龜，死已三千歲矣，王巾笥而藏之廟堂之上。此龜者，寧其死為留骨而貴乎，寧其生而曳尾於塗中乎？」二大夫曰：「寧生而曳尾塗中。」莊子曰：「往矣！吾將曳尾於塗中。」（莊子．秋水）

你知道怎樣「使用」你的心嗎？

1：孔子遊於匡，宋人圍之數匝，而絃歌不惙。子路入見，曰：「何夫子之娛也？」孔子曰：「來！吾語女。我諱窮久矣，而不免，命也；求通久矣，而不得，時也。當堯、舜而天下無窮人，非知得也，當桀，紂而天下無通人，非知失也，時勢適然。夫水行不避蛟龍者，漁父之勇也；陸行不避兕虎者，獵夫之勇也；白刃交於前，視死若生者，烈士之勇也；知窮之有命，知通之有時，臨大難而不懼者，聖人之勇也。由處矣！吾命有所制矣。」無幾何，將甲者進，辭曰：「以為陽虎也，故圍之；今非也，請辭而退。」（莊子．秋水）

2：紀渻子為王養鬬雞。十日而問：「雞已乎？」曰：「未也。方虛憍而恃氣。」十日又問。曰：「未也。猶應嚮景。」十日又問。曰：「未也。猶疾視而盛氣。」十日又問。曰：「幾矣。雞雖有鳴者，已無變矣，望之似木雞矣，其德全矣，異雞無敢應者，反走矣。」（莊子．達生）

3：陽子之宋，宿於逆旅。逆旅人有妾二人，其一人美，其一人惡，惡者貴而美者賤。陽子問其故，逆旅小子對曰：「其美者自美，吾不知其美也；其惡者自惡，吾不知其惡也。」陽子曰：「弟子記之！行賢而去自賢之行，安往而不愛哉！」（莊子．山木）

第二章　知識真的就是力量嗎？

這個世界上根本沒有標準答案

1：毛嬙麗姬，人之所美也，魚見之深入，鳥見之高飛，麋鹿見之決驟。（莊子．齊物論）

2：狙公賦芧，曰：「朝三而暮四。」眾狙皆怒。曰：「然則朝四而暮三。」眾狙皆悅。名實未虧而喜怒為用，亦因是也，是以聖人和之。（莊子．齊物論）

3：齧缺問乎王倪曰：「子知物之所同是乎？」曰：「吾惡乎知之！」「子知子之所不知邪？」曰：「吾惡乎知之！」「然則物無知邪？」曰：「吾惡乎知之！雖然，嘗試言之。庸詎知吾所謂知之非不知邪？庸詎知吾所謂不知之非知邪？且吾嘗試問乎女：民溼寢則腰疾偏死，鰌然乎哉？木處則惴慄恂懼，猨猴然乎哉？三者孰知正處？民食芻豢，

麋鹿食薦，蝍且甘帶，鴟鴉耆鼠，四者孰知正味？」（莊子．齊物論）

所有的「真的」，都很可能是「假的」

1：昔者莊周夢為胡蝶，栩栩然胡蝶也，自喻適志與！不知周也。俄然覺，則蘧蘧然周也。不知周之夢為胡蝶與，胡蝶之夢為周與？周與胡蝶，則必有分矣。此之謂物化。（莊子．齊物論）

人生最大的冒險，就是不斷地求知

1：指窮於為薪，火傳也，不知其盡也（莊子．養生主）

就算聖人的話也不一定要聽

1：將為胠篋探囊發匱之盜而為守備，則必攝緘縢，固扃鐍，此世俗之所謂知也。然而巨盜至，則負匱揭篋擔囊而趨，唯恐緘縢扃鐍之不固也。然則鄉之所謂知者，不乃為大盜積者也？（莊子．胠篋）

2：故跖之徒問跖曰：「盜亦有道乎？」跖曰：「何適而無有道邪？夫妄意室中之

藏，聖也；入先，勇也；出后，義也；知可否，知也；分均，仁也。五者不備而能成大盜者，天下未之有也。」（莊子．胠篋）

3：由是觀之，善人不得聖人之道不立，跖不得聖人之道不行。天下之善人少而不善人多，則聖人之利天下也少而害天下也多。（莊子．胠篋）

4：夫川竭而谷虛，丘夷而淵實。聖人已死，則大盜不起，天下平而無故矣！（莊子．胠篋）

5：聖人不死，大盜不止。雖重聖人而治天下，則是重利盜跖也。為之斗斛以量之，則並與斗斛而竊之；為之權衡以稱之，則並與權衡而竊之；為之符璽以信之，則並與符璽而竊之；為之仁義以矯之，則並與仁義而竊之。何以知其然邪？彼竊鉤者誅，竊國者為諸侯，諸侯之門而仁義存焉，則是非竊仁義聖知邪？（莊子．胠篋）

6：昔者齊國鄰邑相望，雞犬之音相聞，罔罟之所布，耒耨之所刺，方二千余里。闔四竟之內，所以立宗廟社稷，治邑屋州閭鄉曲者，曷嘗不法聖人哉？然而田成子一旦殺齊君而盜其國，所盜者豈獨其國邪？並與其聖知之法而盜之，故田成子有乎盜賊之名，而身處堯舜之安。小國不敢非，大國不敢誅，十二世有齊國，則是不乃竊齊國，並與其聖知之法以守其盜賊之身乎？（莊子．胠篋）

7：故逐於大盜，揭諸侯，竊仁義並斗斛、權衡、符璽之利者，雖有軒冕之賞弗能勸，斧鉞之威弗能禁。此重利盜跖而使不可禁者，是乃聖人之過也。（莊子．胠篋）

如果只會死讀書，那還不如不讀書

1：士成綺見老子而問曰：「吾聞夫子聖人也，吾固不辭遠道而來，願見，百舍重趼而不敢息。今吾觀子，非聖人也。鼠壤有餘蔬，而棄妹之者，不仁也；生熟不盡於前，而積斂無崖。」老子漠然不應。士成綺明日復見，曰：「昔者吾有刺於子，今吾心正卻矣，何故也？」老子曰：「夫巧知神聖之人，吾自以為脫焉。昔者子呼我牛也而謂之牛，呼我馬也而謂之馬。苟有其實，人與之名而弗受，再受其殃。吾服也恆服，吾非以服有服。」（莊子．天道）

2：士成綺雁行避影，履行，遂進而問：「修身若何？」老子曰：「而容崖然，而目衝然，而顙頯然，而口闞然，而狀義然，似繫馬而止也。動而持，發也機，察而審，知巧而睹於泰，凡以為不信。邊竟有人焉，其名為竊。」（莊子．天道）

3：桓公讀書於堂上，輪扁斫輪於堂下，釋椎鑿而上，問桓公曰：「敢問，公之所讀者何言邪？」公曰：「聖人之言也。」曰：「聖人在乎？」公曰：「已死矣。」曰：

「然則君之所讀者，古人之糟粕已夫！」桓公曰：「寡人讀書，輪人安得議乎！有說則可，無說則死！」輪扁曰：「臣也以臣之事觀之。斲輪，徐則甘而不固，疾則苦而不入，不徐不疾，得之於手而應於心，口不能言，有數存焉於其間。臣不能以喻臣之子，臣之子亦不能受之於臣，是以行年七十而老斲輪。古之人與其不可傳也死矣，然則君之所讀者，古人之糟粕已夫！」（莊子．天道）

◆

第三章　自然是你最好的老師

所謂自由，其實就是「自然而然」

1：澤雉十步一啄，百步一飲，不蘄畜乎樊中。神雖王，不善也。（莊子．養生主）

2：公文軒見右師而驚曰：「是何人也？惡乎介也？天與？其人與？」曰：「天也，非人也。天之生是使獨也，人之貌有與也。以是知其天也，非人也。」（莊子．養

生主）

3：庖丁為文惠君解牛，手之所觸，肩之所倚，足之所履，膝之所踦，砉然嚮然，奏刀騞然，莫不中音。合於桑林之舞，乃中經首之會。文惠君曰：「譆，善哉！技蓋至此乎？」（莊子．養生主）

4：庖丁釋刀對曰：「臣之所好者道也，進乎技矣。始臣之解牛之時，所見無非全牛者；三年之后，未嘗見全牛也；方今之時，臣以神遇而不以目視，官知止而神欲行。依乎天理，批大郤，導大窾，因其固然。技經肯綮之未嘗，而況大軱乎！（莊子．養生主）

5：良庖歲更刀，割也；族庖月更刀，折也。今臣之刀十九年矣，所解數千牛矣，而刀刃若新發於硎。彼節者有閒，而刀刃者無厚，以無厚入有閒，恢恢乎其於游刃必有餘地矣，是以十九年而刀刃若新發於硎。雖然，每至於族，吾見其難為，怵然為戒，視為止，行為遲。動刀甚微，謋然已解，如土委地。提刀而立，為之四顧，為之躊躇滿志，善刀而藏之。」（莊子．養生主）

「自然」自然就是你最好的老師

1：夫藏舟於壑，藏山於澤，謂之固矣！然而夜半有力者負之而走，昧者不知也。

藏小大有宜，猶有所遯。若夫藏天下於天下而不得所遯，是恆物之大情也。（莊子．大宗師）

2：子桑戶、孟子反、子琴張三人相與友，曰：「孰能相與於無相與，相為於無相為？孰能登天遊霧，撓挑無極，相忘以生，無所終窮？」三人相視而笑，莫逆於心，遂相與友。（莊子．大宗師）

3：莫然有閒，而子桑戶死，未葬。孔子聞之，使子貢往侍事焉。或編曲，或鼓琴，相和而歌曰：「嗟來桑戶乎！嗟來桑戶乎！而已反其真，而我猶為人猗！」子貢趨而進曰：「敢問臨尸而歌，禮乎？」二人相視而笑，曰：「是惡知禮意！」子貢反，以告孔子曰：「彼何人者邪？修行無有，而外其形骸，臨尸而歌，顏色不變，無以命之。彼何人者邪？」孔子曰：「彼遊方之外者也，而丘游方之內者也。外內不相及，而丘使女往弔之，丘則陋矣。彼方且與造物者為人，而遊乎天地之一氣。彼以生為附贅縣疣，以死為決疧潰癰。夫若然者，又惡知死生先後之所在！假於異物，託於同體，忘其肝膽，遺其耳目，反覆終始，不知端倪，芒然彷徨乎塵垢之外，逍遙乎無為之業。彼又惡能憒憒然為世俗之禮，以觀眾人之耳目哉！」（莊子．大宗師）

4：顏回問仲尼曰：「孟孫才，其母死，哭泣無涕，中心不戚，居喪不哀。無是三者，以善處喪蓋魯國，固有無其實而得其名者乎？回壹怪之。」仲尼曰：「夫孟孫氏盡之矣，進於知矣。唯簡之而不得，夫已有所簡矣。孟孫氏不知所以生，不知所以死；不知就先，不知就後。若化為物，以待其所不知之化已乎。且方將化，惡知不化哉？方將不化，惡知已化哉？吾特與汝，其夢未始覺者邪！且彼有駭形而無損心，有旦宅而無情死。孟孫氏特覺人哭亦哭，是自其所以乃。且也相與吾之耳矣，庸詎知吾所謂吾之乎？且汝夢為鳥而厲乎天，夢為魚而沒於淵。不識今之言者，其覺者乎？其夢者乎？造適不及笑，獻笑不及排，安排而去化，乃入於寥天一。」（莊子．大宗師）

只要活著，有些事就不能不接受

1：子祀、子輿、子犁、子來四人相與語曰：「孰能以無為首，以生為脊，以死為尻，孰知生死存亡之一體者，吾與之友矣。」四人相視而笑，莫逆於心，遂相與為友。（莊子．大宗師）

2：俄而子輿有病，子祀往問之。曰：「偉哉！夫造物者，將以予為此拘拘也！曲僂發背，上有五管，頤隱於齊，肩高於頂，句贅指天。」陰陽之氣有沴，其心閒而無事，跰足而鑑於井，曰：「嗟乎！夫造物者，又將以予為此拘拘也！」子祀曰：「汝惡之乎？」曰：「亡，予何惡！浸假而化予之左臂以為雞，予因以求時夜；浸假而化予之右臂以為彈，予因以求鴞炙；浸假而化予之尻以為輪，以神為馬，予因以乘之，豈更駕哉！」（莊子．大宗師）

3：俄而子來有病，喘喘然將死，其妻子環而泣之。子犁往問之曰：「叱！避！無怛化！」倚其戶與之語曰：「偉哉造物！又將奚以汝為？將奚以汝適？以汝為鼠肝乎？以汝為蟲臂乎？」子來曰：「父母於子，東西南北，唯命之從。陰陽於人，不翅於父母，彼近吾死而我不聽，我則悍矣，彼何罪焉！夫大塊載我以形，勞我以生，佚我以老，息我以死。故善吾生者，乃所以善吾死也。今之大冶鑄金，金踊躍曰『我且必為鏌鋣』，大冶必以為不祥之金。今一犯人之形，而曰『人耳人耳』，夫造化者必以為不祥之人。今一以天地為大鑪，以造化為大冶，惡乎往而不可哉！成然寐，蘧然覺。」（莊子．大宗師）

4：子貢曰：「然則夫子何方之依？」孔子曰：「丘，天之戮民也。雖然，吾與汝共之。」子貢曰：「敢問其方？」孔子曰：「魚相造乎水，人相造乎道。相造乎水者，穿池而養給；相造乎道者，無事而生定。故曰：魚相忘乎江湖，人相忘乎道術。」（莊子．大宗師）

最難過的還是「死亡」這一關

1：莊子妻死，惠子弔之，莊子則方箕踞鼓盆而歌。惠子曰：「與人居長子，老身死，不哭亦足矣，又鼓盆而歌，不亦甚乎！」莊子曰：「不然。是其始死也，我獨何能無概然！察其始而本無生，非徒無生也，而本無形，非徒無形也，而本無氣。雜乎芒芴之間，變而有氣，氣變而有形，形變而有生，今又變而之死，是相與為春秋冬夏四時行也。人且偃然寢於巨室，而我噭噭然隨而哭之，自以為不通乎命，故止也。」（莊子．至樂）

2：莊子之楚，見空髑髏，髐然有形，撽以馬捶，因而問之曰：「夫子貪生失理，而為此乎？將子有亡國之事，斧鉞之誅，而為此乎？將子有不善之行，愧遺父母妻子之醜，而為此乎？將子有凍餒之患，而為此乎？將子之春秋故及此乎？」於是語卒，援髑髏枕而臥。

夜半，髑髏見夢曰：「子之談者似辯士。視子所言，皆生人之累也，死則無此矣。子欲聞死之說乎？」莊子曰：「然。」髑髏曰：「死，無君於上，無臣於下，亦無四時之事，從然以天地為春秋，雖南面王樂，不能過也。」莊子不信，曰：「吾使司命復生子形，為子骨肉肌膚，反子父母妻子、閭里、知識，子欲之乎？」髑髏深矉蹙頞曰：「吾安能棄南面王樂，而復為人間之勞乎？」（莊子・至樂）

3：莊子將死，弟子欲厚葬之。莊子曰：「吾以天地為棺槨，以日月為連璧，星辰為珠璣，萬物為齎送。吾葬具豈不備邪？何以加此！」弟子曰：「吾恐烏鳶之食夫子也。」莊子曰：「在上為烏鳶食，在下為螻蟻食，奪彼與此，何其偏也！」（莊子・列御寇）

◆

第四章　人情與世故

想要他順著你，你就要先順著他

1：顏闔將傅衛靈公大子，而問於蘧伯玉曰：「有人於此，其德天殺。與之為無方，則危吾國；與之為有方，則危吾身。其知適足以知人之過，而不知其所以過。若然者，吾柰之何？」（莊子・人間世）

2：蘧伯玉曰：「善哉問乎！戒之，慎之，正女身哉！形莫若就，心莫若和。雖然，之二者有患。就不欲入，和不欲出。形就而入，且為顛為滅，為崩為蹶。心和而出，且為聲為名，為妖為孽。彼且為嬰兒，亦與之為嬰兒；彼且為無町畦，亦與之為無町畦；彼且為無崖，亦與之為無崖。達之，入於無疵。」（莊子．人間世）

3：「汝不知夫螳蜋乎？怒其臂以當車轍，不知其不勝任也，是其才之美者也。戒之，慎之！積伐而美者以犯之，幾矣！」（莊子．人間世）

4：「汝不知夫養虎者乎？不敢以生物與之，為其殺之之怒也；不敢以全物與之，為其決之之怒也。時其饑飽，達其怒心。虎之與人異類而媚養己者，順也；故其殺者，逆也。」（莊子．人間世）

5：「夫愛馬者，以筐盛矢，以蜃盛溺。適有蚊虻仆緣，而拊之不時，則缺銜毀首碎胸。意有所至而愛有所亡，可不慎邪？」（莊子．人世間）

能夠先為對方想，就是在為自己想

1：顏回曰：「吾無以進矣，敢問其方。」

仲尼曰：「齋，吾將語若。有心而為之，其易邪？易之者，皞天不宜。」

顏回曰：「回之家貧，唯不飲酒、不茹葷者數月矣。如此，則可以為齋乎？」

曰：「是祭祀之齋，非心齋也。」

回曰：「敢問心齋。」

仲尼曰：「若一志，無聽之以耳而聽之以心，無聽之以心而聽之以氣！聽止於耳，心止於符。氣也者，虛而待物者也。唯道集虛。虛者，心齋也。」

顏回曰：「回之未始得使，實自回也；得使之也，未始有回也；可謂虛乎？」

夫子曰：「盡矣。吾語若！若能入遊其樊而無感其名，入則鳴，不入則止。無門無毒。一宅而寓於不得已，則幾矣。絕跡易，無行地難。為人使易以偽，為天使難以偽。聞以有翼飛者矣，未聞以無翼飛者也，聞以有知知者矣，未聞以无知知者也。瞻彼闋者，虛室生白，吉祥止止。夫且不止，是之謂坐馳。夫徇耳目內通而外於心知，鬼神將來舍，而況人乎！是萬物之化也，禹舜之所紐也，伏羲几蘧之所行終，而況散焉者乎！」（莊子．人間世）

2：孔子適楚，楚狂接輿遊其門曰：「鳳兮鳳兮，何如德之衰也！來世不可待，往世不可追也。天下有道，聖人成焉；天下無道，聖人生焉。方今之時，僅免刑焉。福輕乎羽，莫之知載；禍重乎地，莫之知避。已乎已乎！臨人以德。殆乎殆乎！畫地而趨。

迷陽迷陽，無傷吾行；郤曲郤曲，無傷吾足。」（莊子．人間世）

不管做什麼事，千萬不要太「刻意」

1：南海之帝為儵，北海之帝為忽，中央之帝為渾沌。儵與忽相與遇於渾沌之地，渾沌待之甚善。儵與忽謀報渾沌之德，曰：「人皆有七竅以視聽食息。此獨無有，嘗試鑿之。」日鑿一竅，七日而渾沌死。（莊子．應帝王）

2：泉涸，魚相與處於陸，相呴以溼，相濡以沫，不如相忘於江湖。（莊子．大宗師）

拜託也，可不可以放「自然」一點？

1：刻意尚行，離世異俗，高論怨誹，為亢而已矣，此山谷之士，非世之人，枯槁赴淵者之所好也。語仁義忠信，恭儉推讓，為修而已矣，此平世之士，教誨之人，遊居學者之所好也。語大功，立大名，禮君臣，正上下，為治而已矣，此朝廷之士，尊主強國之人，致功并兼者之所好也。就藪澤，處閒曠，釣魚閒處，無為而已矣，此江海之士，避世之人，閒暇者之所好也。吹呴呼吸，吐故納新，熊經鳥申，為壽而已矣，此道引之士，養形之人，彭祖壽考者之所好也。（莊子．刻意）

2：商太宰蕩問仁於莊子。莊子曰：「虎狼，仁也。」曰：「何謂也？」莊子曰：「父子相親，何為不仁？」曰：「請問至仁。」莊子曰：「至仁無親。」太宰曰：「蕩聞之：無親則不愛，不愛則不孝。謂至仁不孝，可乎？」莊子曰：「不然。夫至仁尚矣，孝固不足以言之。此非過孝之言也，不及孝之言也。夫南行者至於郢，北面而不見冥山，是何也？則去之遠也。故曰：以敬孝易，以愛孝難；以愛孝易，以忘親難；忘親易，使親忘我難；使親忘我易，兼忘天下難；兼忘天下易，使天下兼忘我難。（莊子．天運）

3：泉涸，魚相與處於陸，相呴以溼，相濡以沫，不若相忘於江湖。

4：故曰：至貴，國爵并焉；至富，國財并焉；至願，名譽并焉。以道不渝。（莊子．天運）

要怎樣和金錢這位「老兄」相處？

1：原憲居魯，環堵之室，茨以生草，蓬戶不完，桑以為樞而甕牖，二室，褐以為塞，上漏下溼，匡坐而弦。子貢乘大馬，中紺而表素，軒車不容巷，往見原憲。原憲華冠縰履，杖藜而應門。子貢曰：「嘻！先生何病？」原憲應之曰：「憲聞之：『無財謂之貧，學而不能行謂之病。』今憲，貧也，非病也。」子貢逡巡而有愧色。原憲笑曰：「夫希世而行，比周而友，學以為人，教以為己，仁義之慝，輿馬之飾，憲不忍為也。」（莊子．讓王）

2：子列子窮，容貌有飢色。客有言之於鄭子陽者曰：「列禦寇，蓋有道之士也，居君之國而窮，君無乃為不好士乎？」鄭子陽即令官遺之粟。子列子見使者，再拜而辭。使者去，子列子入，其妻望之而拊心曰：「妾聞為有道者之妻子，皆得佚樂，今有飢色。君過而遺先生食，先生不受，豈不命邪！」子列子笑謂之曰：「君非自知我也。以人之言而遺我粟，至其罪我也又且以人之言，此吾所以不受也。」其卒，民果作難而殺子陽。（莊子．讓王）

3：孔子謂顏回曰：「回來！家貧居卑，胡不仕乎？」顏回對曰：「不願仕。回有郭外之田五十畝，足以給饘粥；郭內之田十畝，足以為絲麻；鼓琴足以自娛；所學夫子之道者足以自樂也。回不願仕。」孔子愀然變容曰：「善哉回之意！丘聞之：『知足者不以利自累也，審自得者失之而不懼，行修於內者無位而不怍。』丘誦之久矣，今於回而後見之，是丘之得也。」（莊子．讓王）

4：楚昭王失國，屠羊說走而從於昭王。昭王反國，將賞從者，及屠羊說。屠羊說曰：「大王失國，說失屠羊；大王反國，說亦反屠羊。臣之爵祿已復矣，又何賞之言？」王曰：「強之！」屠羊說曰：「大王失國，非臣之罪，故不敢伏其誅；大王反國，非臣之功，故不敢當其賞。」王曰：「見之！」屠羊說曰：「楚國之法，必有重賞大功而後得見。今臣之知不足以存國，而勇不足以死寇。吳軍入郢，說畏難而避寇，非故隨大王也。今大王欲廢法毀約而見說，此非臣之所以聞於天下也。」王謂司馬子綦曰：「屠羊說居處卑賤而陳義甚高，子綦為我延之以三旌之位。」屠羊說曰：「夫三旌之位，吾知其貴於屠羊之肆也；萬鍾之祿，吾知其富於屠羊之利也。然豈可以食爵祿而使吾君有妄施之名乎！說不敢當，願復反吾屠羊之肆。」遂不受也。（莊子．讓王）

你會做人嗎？做人真的很難嗎？

1：吳王浮於江，登乎狙之山。眾狙見之，恂然棄而走，逃於深蓁。有一狙焉，委蛇攫搔，見巧乎王王射之，敏給搏捷矢。王命相者趨射，狙執死。王顧謂其友顏不疑曰：「之狙也，伐其巧、恃其便，以敖予，以至此殛也。戒之哉！嗟乎，無以汝色驕人哉！」顏不疑歸而師董梧，以助其色，去樂辭顯，三年而國人稱之。（莊子．徐無鬼）

2：陽子居南之沛，老聃西遊於秦，邀於郊，至於梁而遇老子。老子中道仰天而歎曰：「始以汝為可教，今不可也。」陽子居不答。至舍，進盥漱巾櫛，脫屨戶外，膝行而前曰：「向者弟子欲請夫子，夫子行不閒，是以不敢。今閒矣，請問其過。」老子曰：「而睢睢盱盱，而誰與居？大白若辱，盛德若不足。」陽子居蹴然變容曰：「敬聞命矣。」其往也，舍者迎將其家，公執席，妻執巾櫛，舍者避席，煬者避灶。其反也，舍者與之爭席矣。（莊子．寓言）

3：孔子圍於陳、蔡之間，七日不火食。大公任往弔之，曰：「子幾死乎？」曰：「然。」「子惡死乎？」曰：「然。」任曰：「予嘗言不死之道。東海有鳥焉，其名曰意怠。其為鳥也，翂翂翐翐，而似無能；引援而飛，迫脅而棲；進不敢為前，退不敢為後；食不敢先嘗，必取其緒。是故其行列不斥，而外人卒不得害，是以免於患。直木先伐，甘井先竭。子其意者飾知以驚愚，修身以明汙，昭昭乎若揭日月而行，故不免也。昔吾聞之大成之人曰：『自伐者無功，功成者墮，名成者虧。』孰能去功與名而還與眾人！道流而不明居，得行而不名處；純純常常，乃比於狂；削跡捐勢，不為功名。是故無責於人，人亦無責焉。至人不聞，子何喜哉？」孔子曰：「善哉！」辭其交遊，去其弟子，逃於大澤；衣裘褐，食杼栗；入獸不亂群，入鳥不亂行。鳥獸不惡，而況人乎！

（莊子．山木）

4：魏瑩與田侯牟約，田侯牟背之。魏瑩怒，將使人刺之。犀首聞而恥之，曰：「君為萬乘之君也，而以匹夫從讎！衍請受甲二十萬，為君攻之，虜其人民，係其牛馬，使其君內熱發於背，然後拔其國。忌也出走，然後抶其背，折其脊。」季子聞而恥之，曰：「築十仞之城，城者既十仞矣，則又壞之，此胥靡之所苦也。今兵不起七年矣，此王之基也。衍亂人，不可聽也。」華子聞而醜之，曰：「善言伐齊者，亂人也；善言勿伐者，亦亂人也；謂伐之與不伐亂人也者，又亂人也。」王曰：「然則若何？」曰：「君求其道而已矣。」

惠子聞之而見戴晉人。戴晉人曰：「有所謂蝸者，君知之乎？」曰：「然。」「有國於蝸之左角者曰觸氏，有國於蝸之右角者曰蠻氏，時相與爭地而戰，伏尸數萬，逐北旬有五日而後反。」君曰：「噫！其虛言與？」曰：「臣請為君實之。君以意在四方上下有窮乎？」君曰：「無窮。」曰：「知遊心於無窮，而反在通達之國，若存若亡乎？」君曰：「然。」曰：「通達之中有魏，於魏中有梁，於梁中有王。王與蠻氏，有辯乎？」君曰：「無辯。」客出而君惝然若有亡也。（莊子．則陽）

沒想到莊子還是一個劍客！

1：昔趙文王喜劍，劍士夾門而客三千餘人，日夜相擊於前，死傷者歲百餘人，好之不厭。如是三年，國衰，諸侯謀之。太子悝患之，募左右曰：「孰能說王之意止劍士者，賜之千金。」左右曰：「莊子當能。」

太子乃使人以千金奉莊子。莊子弗受，與使者俱往見太子曰：「太子何以教周，賜周千金？」太子曰：「聞夫子明聖，謹奉千金以幣從者。夫子弗受，悝尚何敢言！」莊子曰：「聞太子所欲用周者，欲絕王之喜好也。使臣上說大王而逆王意，下不當太子，則身刑而死，周尚安所事金乎！使臣上說大王，下當太子，趙國何求而不得也？」太子曰：「然。吾王所見，唯劍士也。」莊子曰：「諾。周善為劍。」太子曰：「然吾王所見劍士，皆蓬頭、突鬢、垂冠，曼胡之纓，短後之衣，嗔目而語難，王乃說之。今夫子必儒服而見王，事必大逆。」莊子曰：「請治劍服。」治劍服三日，乃見太子。太子乃與見王，王脫白刃待之。

莊子入殿門不趨，見王不拜。王曰：「子欲何以教寡人，使太子先？」曰：「臣聞大王喜劍，故以劍見王。」王曰：「子之劍何能禁制？」曰：「臣之劍，十步一人，千里不留行。」王大悅之，曰：「天下無敵矣。」莊子曰：「夫為劍者，示之以虛，開之以利，後之以發，先之以至。願得試之。」王曰：「夫子休就舍，待命令設戲請夫子。」王乃校劍士七日，死傷者六十餘人，得五六人，使奉劍於殿下，乃召莊子。王曰：「今日試使士敦劍。」莊子曰：「望之久矣。」王曰：「夫子所御杖，長短何如？」曰：「臣之所奉皆可。然臣有三劍，唯王所用，請先言而後試。」

王曰：「願聞三劍。」曰：「有天子劍，有諸侯劍，有庶人劍。」王曰：「天子之劍何如？」曰：「天子之劍，以燕谿、石城為鋒，齊、岱為鍔，晉、魏為脊，周、宋為鐔，韓、魏為夾，包以四夷，裹以四時，繞以渤海，帶以常山，制以五行，論以刑德，開以陰陽，持以春夏，行以秋冬。此劍直之無前，舉之無上，案之無下，運之無旁，上決浮雲，下絕地紀。此劍一用，匡諸侯，天下服矣。此天子之劍也。」

文王芒然自失，曰：「諸侯之劍何如？」曰：「諸侯之劍，以知勇士為鋒，以清廉士為鍔，以賢良士為脊，以忠聖士為鐔，以豪桀士為夾。此劍值之亦無前，舉之亦無上，案之亦無下，運之亦無旁，上法圓天以順三光，下法方地以順四時，中和民意以安四鄉。此劍一用，如雷霆之震也，四封之內，無不賓服而聽從君命者矣。此諸侯之劍也。」

王曰：「庶人之劍何如？」曰：「庶人之劍，蓬頭、突鬢、垂冠，曼胡之纓，短後之衣，瞋目而語難，相擊於前，上斬頸領，下決肝肺。此庶人之劍，無異於鬥雞，一旦命已絕矣，無所用於國事。今大王有天子之位，而好庶人之劍，臣竊為大王薄之。」

王乃牽而上殿，宰人上食，王三環之。莊子曰：「大王安坐定氣，劍事已畢奏矣。」於是文王不出宮三月，劍士皆服斃其處也。（莊子．說劍）

2：東郭子問於莊子曰：「所謂道，惡乎在？」莊子曰：「無所不在。」東郭子曰：「期而後可。」莊子曰：「在螻蟻。」曰：「何其下邪？」曰：「在稊稗。」曰：「何其愈下邪？」曰：「在瓦甓。」曰：「何其愈甚邪？」曰：「在屎溺。」東郭子不應。（莊子．知北遊）

※：本書白話翻譯主要參照羅龍治著《莊子：哲學的天籟》。

苦苓作品集 012

煩事問莊子：苦苓的莊子讀書筆記

作　者—苦苓
主　編—陳信宏
責任編輯—王瓊苹
責任企劃—吳美瑤
美術設計—林雅錚
排　版—極翔企業有限公司

編輯總監—蘇清霖
董事長—趙政岷
出版者—時報文化出版企業股份有限公司
一〇八〇一九臺北市和平西路三段二四〇號三樓
發行專線—（〇二）二三〇六六八四二
讀者服務專線—〇八〇〇二三一七〇五・（〇二）二三〇四七一〇三
讀者服務傳真—（〇二）二三〇四六八五八
郵撥—一九三四四七二四　時報文化出版公司
信箱—一〇八九九臺北華江橋郵局第九九信箱
時報悅讀網—http://www.readingtimes.com.tw
電子郵件信箱—newlife@readingtimes.com.tw
時報出版愛讀者—http://www.facebook.com/readingtimes.2
法律顧問—理律法律事務所　陳長文律師、李念祖律師
印　刷—勁達印刷有限公司
初版一刷—二〇二一年一月十五日
初版五刷—二〇二三年五月五日
定　價—新臺幣三四〇元
（缺頁或破損的書，請寄回更換）

煩事問莊子：苦苓的莊子讀書筆記/苦苓著. -- 初版. -- 臺北市：時報文化出版企業股份有限公司, 2021.01
面；　公分. --（苦苓作品集；12）
ISBN 978-957-13-8500-6（平裝）

1.（周）莊周 2.莊子 3.學術思想 4.人生哲學

121.33　　109019826

ISBN 978-957-13-8500-6
Printed in Taiwan